Kunst der Griechen

Geschichte der Malerei, Plastik und Architektur

Kunst der Frühen Hochkulturen

Kunst der Griechen

Kunst des Römischen Reiches

Frühchristliche und byzantinische Kunst

Kunst des Frühen Mittelalters

Kunst der Romanik

Kunst der Gotik

Kunst der Renaissance

Kunst des Barock und Rokoko

Kunst des 19. Jahrhunderts

Belser Verlag
STUTTGART
ZÜRICH

Kunst der Griechen

Malerei Plastik Architektur

Belser Verlag
STUTTGART
ZÜRICH

Die Sonderausgabe bietet den Bestand an Text und Bild
des Bandes *Griechische Kunst* von Walter-Herwig Schuchhardt, 1969
(Bd. 2 der „Belser Stilgeschichte").

CIP-Titelaufnahme der Deutschen Bibliothek

Geschichte der Malerei, Plastik und Architektur. - Sonderausg.
- Stuttgart; Zürich: Belser.
Frühere Ausg. u. d. T.: Belser-Stilgeschichte
ISBN 3-7630-1870-0

Kunst der Griechen. - Sonderausg. - 1991

Kunst der Griechen:
Malerei, Plastik, Architektur / [von Walter Herwig Schuchhardt]. - Sonderausg.
- Stuttgart; Zürich: Belser, 1991
(Geschichte der Malerei, Plastik und Architektur)
ISBN 3-7630-1872-7
NE: Schuchhardt, Walter-Herwig

Vertrieb für die Schweiz ausschließlich durch Medea-Fribourg

Gesamtherstellung: Druckerei Uhl, Radolfzell
Printed in Germany
ISBN 3-7630-1872-7

EINLEITUNG

Die griechische Kunst und Kultur ist nur die eine Hälfte jenes großen Ganzen, das wir die antike Welt oder „die Antike“ nennen. Diese Welt erweist ihre Ganzheit, wenn man sie den älteren orientalischen Kulturen einerseits, dem abendländischen oder byzantinischen Christentum andererseits gegenüberstellt. Lange war diese Einheit der Antike weit wichtiger als ihre Aufteilung in eine griechische und eine römische Komponente. Gewiß ist eine Konfrontierung von Griechentum und Römertum ungerecht, wenn sie nur auf die geistigen Leistungen abzielt, die von griechischer Seite in einer so unvergleichlichen Fülle hervorgebracht wurden. Eine solche Aufteilung kann nur sinnvoll sein, wenn Vergleichbares verglichen wird, die tiefen Unterschiede aber als gegeben und gewachsen anerkannt werden. So ist etwa das Verhältnis des einzelnen zum Staat, des Staates zur Umwelt in der griechischen und römischen Kultur grundverschieden, ebenso der politische Anspruch auf Macht und Herrschaft, jede Beziehung überhaupt vom einzelnen Wesen zu fremden Völkern und Ländern.

So selbständig die Römer in ihrem Gemeinschaftsleben und ihrer Staatsform, ihrer Politik und ihrem Anspruch auf imperiale Herrschaft waren, so hingebungsvoll und gelehrig nahmen sie das geistige und künstlerische Erbe des Griechentums auf, dessen Leistungen von der bildenden wie der literarischen Kunst der Römer als beispielhaft anerkannt wurden. Wenn aber die griechische Kunst ihre exemplarische Einschätzung gerade der römischen Kultur als Mittlerin und Verbreiterin verdankt, so hat sie diese Position in immer neuen Renaissancen bewahrt. Die römische Kultur selbst ist in vieler Hinsicht ein erstes großes Beispiel jener fortzeugenden Kraft des griechischen Geistes. Dabei hat die Mittlerrolle des Imperium Romanum nicht nur die weltweite Verbreitung der griechisch-römischen Kultur bewirkt, sondern auch jene Einheit einer „antiken Welt“ geschaffen, die für zwei Jahrtausende Gültigkeit besitzen sollte. Das gilt in ganz besonderem Maße für die antike Kunst, gilt in einem weiten, umfassenden Sinn für die Architektur, deren Stile von den Griechen „erfunden“, von den Römern übernommen wurden, so daß der Übergang von der hellenistischen zur römischen Baukunst sich ganz organisch vollzog.

Auch die Kulturen des alten Orients hatten voneinander übernommen, die Akkader von den Sumerern, die Babylonier von beiden und die Assyrer von Babylon. Vieles von diesem alten Kulturgut war eine anonyme Erbmasse geworden, die seit dem 1. Jahrtausend v. Chr. vom Vorderen Orient her in den Raum des Mittelmeeres verbreitet wurde. Eine Erbmasse, die auch den Griechen zugetragen wurde, als sie um die Wende des 8. zum 7. Jh. v. Chr. aus der strengen Abgeschlossenheit und Enge ihrer Frühzeit heraustraten, um räumlich und geistig mit dem Orient Verbindung aufzunehmen. Das Griechentum hatte durch Jahrhunderte hin seine Gesetze des Bildens und Denkens aus eigenen Kräften entwickelt, und dies mit einer Reinheit und Konsequenz, die jene Spanne des Beginns als einen fest umgrenzten Zeitraum erscheinen läßt.

Diese Auseinandersetzung begann mit dem so bedeutsamen Vorgang der *Kolonisation*, der vom Ende des 8. Jh. v. Chr. bis weit in das 6. Jh. v. Chr., also durch anderthalb Jahrhunderte hin, die griechischen Stämme in Bewegung setzte. Diese gewaltige Expansion umfaßte die Küsten des Mittelmeeres, der Propontis – heute Marmarameer – und des Schwarzen Meeres. Sie brachte zum ersten Mal das Griechentum in Verbindung mit fremden Ländern und Völkern, ein Vorgang, der – entsprechend der geistigen Regsamkeit der Griechen – zu einem elementaren Ereignis für die weitere Entwicklung der griechischen Kultur werden sollte.

Mit der Wende vom 8. zum 7. Jh. v. Chr. aber begann nicht nur ein neuer Zeitraum der griechischen Kultur in einem neuen, auf das ganze Mittelmeer und seine Küsten erweiterten geographischen Raum. Es endete zugleich die erste große Periode griechischer Kunst und Kultur, die wir nach dem Stil ihrer Ornamentik die *geometrische* nennen und von 1100–700 v. Chr. rechnen. Ihr schließt sich mit dem 7. Jh. die *früharchaische*, mit dem 6. die *reif-* und *spätarchaische Periode* an. Die *hohe Klassik* des 5. Jh., die *späte* des 4. nehmen dann die Mitte ein zwischen den beiden archaischen Jahrhunderten und den drei *hellenistischen*, die wir vom Tode Alexanders des Großen (323 v. Chr.) bis zur Schlacht von Aktium (31 v. Chr.), dem Prinzipat des Augustus (27 v. Chr.) und dem Beginn des Imperium Romanum rechnen.

Die *geometrische Kunst* erlebte nach einer langen, ungestörten Entwicklung ihre Endphase und Auflösung mit einer gewissen Erstarrung und Vertrocknung ihrer Formen. Doch beschränkte sich, jedenfalls für unsere Kenntnis, dieser Vorgang fast ausschließlich auf die Keramik, und hier vor allem auf die Entwicklung der *attischen Keramik*, die uns allein in einer dichten Folge von Erzeugnissen bekannt ist (Abb. 1–4, 8). Am Ende des geometrischen Zeitalters begann die Auseinandersetzung zwischen der gefestigten Ordnung geometrischer Formeln und den mächtig andrängenden, bildlichen und ornamentalen Motiven des *Orients*. Das 7. Jh. v. Chr. besitzt innerhalb der Entwicklung der griechischen Kunstgeschichte einen besonderen Charakter, eine besondere Bedeutung. Es ist ein Jahrhundert des Übergangs. Aus der strengen Abgeschiedenheit der Frühzeit, von der spröden Selbstgenügsamkeit des geometrischen Stils – einer kargen Beschränkung auf Kleinkunst und Keramik, Kunstgewerbe und bescheidene Bauten – führt dieses Jahrhundert hinüber zu einem großfigurigen, *früharchaischen* Bilderstil von dramatischer Lebendigkeit, der sich gewiß auch schon auf den Tafeln aus Holz und Ton manifestierte, zu einer monumentalen Plastik aus Stein und Ton, die seit der Mitte dieses Jahrhunderts feststellbar ist.

Gerade in dieser Frühzeit tritt sie mit Statuen von kolossalen Dimensionen auf den Plan, die in ihrem Ausmaß wie in Stand und Haltung offenkundig von *ägyptischen Vorbildern* angeregt wurden. Jetzt treten auch zum ersten Mal griechische „*Kunstlandschaften*“ in Erscheinung, deren Stämme und Städte ihren eigenen Stil entfalten: Die griechischen Siedlungen der kleinasiatischen Küste entwickeln ihren *ionischen*, Athen und Attika den *attischen* Stil, der Peloponnes *dorische Stilformen*, die wir in eine *korinthische, argivische, spartanische Schule* aufzuteilen vermögen. Auch in der *Architektur* wurde ein entscheidender Schritt getan, bei dem sich – wie in der Bildhauerkunst – die technische und die künstlerische Leistung die Waage halten, wurde doch im Verlauf des 7. Jh. der Übergang vom Holz-Lehm-Bau zum Steinbau vollzogen. Jetzt wird über dem bescheidenen, bisher üblichen Fundament aus Bruchsteinen oder Platten ein stattlicher Sockel aus Orthostaten, hochkant gestellten Platten, aufgeführt. Erste steinerne Säulen – meist aus *einem* Block, monolith, gearbeitet – werden aufgestellt. Mit diesem Übergang aber zum *Steinbau*, der im 6. Jh. seine archaische Blüte erleben sollte, ging eine strengere Durchordnung des architektonischen Gefüges zusammen. Damals vollzog sich die langsame Gewinnung eines *Kanons*, der später die klassischen Formen des dorischen und des ionischen Baustils bestimmen sollte. Alle diese Leistungen des Übergangs und der Neuschöpfung wurden mit einer elementaren Kraft, oft mit revolutionärer Heftigkeit vollzogen. Diese leidenschaftlichen Kräfte, die die genannten Umwandlungen und Neuschöpfungen bewirkten, sehen wir am deutlichsten in der Malerei, d. h. der *Vasenmalerei* jener Zeit, am Werk. Hier können wir die Auflösung des späten geometrischen Stils und die Gewinnung eines neuen Figurenstils klar als eine Umwandlung erkennen, die sich in der Abfolge von zwei Generationen, in der Zeit von 810–750 v. Chr., vollzieht. Eine Ahnung können wir auch gewinnen von dem Ringen mit dem Stoff und seiner Bewältigung bei der Schaffung jener ersten *monumentalen Standbilder*, ja auch der ersten *steinernen Architekturglieder und -schmuckformen*. So vollzieht sich mit der Wende vom 8. zum 7. Jh. v. Chr. der Abschluß einer stillen, in sich beschlossenen, von strengen Formen bestimmten Frühzeit einerseits, der Beginn eines neuen, weltoffenen, bildfreudigen Zeitalters andererseits. In diesem 7. Jh. wurden die entscheidenden Grundlagen gelegt für alle Formen griechischer Kunstübung in allen folgenden Jahrhunderten. In besonderer und unmittelbarer Weise galt diese Grundlegung natürlich für das folgende 6. Jh. und die weitere Entwicklung der *archaischen Kunst* in Griechenland. So einschneidend und elementar der Unterschied zwischen dem 8. und dem 7. Jh. v. Chr. in allen Bezirken der Kunst ist, so eng ist die Verbindung des 7. Jh. mit dem folgenden 6. Jh. Alles, was an großen, entscheidenden Leistungen seit der Mitte des 7. Jh. geschaffen war, wurde von den folgenden Generationen zur Blüte und späten Vollendung gebracht. In einer Fülle, einem Reichtum sondergleichen wuchsen mit dem neuen Jahrhundert in allen von Griechen bewohnten Landen Statuen und Tempel, Heiligtümer und Grabstätten auf. Es entwickelten sich Werkstätten der Kleinkunst und der Keramik, wie es sie in solcher Zahl und solcher Produktivität vorher nicht gegeben hatte. So ist denn auch die Landkarte der griechischen Künste nie wieder so weiträumig, so bunt und vielfältig gewesen wie in diesem 6. Jh. Sind doch damals auf dieser Landkarte der künstlerischen Tätigkeit auch die griechischen Kolonien vertreten, die Städte Unteritaliens und Siziliens ebenso wie die Siedlungen an der Nordküste Afrikas, im Nildelta und am Schwarzen Meer. Gewiß war deren künstlerische Produktion nicht so reich und nicht so originell wie die des Mutterlandes in Athen, in Argos und Korinth, auf den Inseln und im ionischen Osten. Aber die Stimme dieser kolonialen Städte und ihrer Werkstätten gehört mit zu dem reichen, kraftvollen Konzert, zu dem sich alle griechischen Stämme gerade im 6. Jh. zusammenfanden. Mit großer Deutlichkeit und Klarheit vermögen wir auch die Entwicklung und das Ausklingen der vielfältig getönten archaischen Kunst zu erkennen.

Das *Ende der archaischen Kunst* und den *Übergang zur frühklassischen* können wir in der Zeitspanne *einer* Generation, im Zeitraum von 510–480 v. Chr., verfolgen.

Diesmal ist dieser Wandel und Übergang nicht nur am Bildschmuck und Dekor der Vasenmalerei, sondern ebenso an der Entwicklung der Plastik abzulesen, während die Architektur nicht genügend Monumente überliefert hat. Hier können wir einem archaischen Tempel, etwa dem von Ägina, nur über eine größere Zeitspanne hin einen klassischen Bau, etwa den Zeustempel von Olympia, gegenüberstellen. Doch darf man auch für die Geschichte der griechischen Baukunst den Übergang vom 6. zum 5. Jh. v. Chr. als einen entscheidenden Wendepunkt ansehen. Daß freilich die Festlegung eines solchen zeitlichen Wendepunkts für die Entwicklung verschiedener Kunstgattungen nur eine bedingte, eine „theoretische" Bedeutung hat, daß eine solche Festlegung in erster Linie nur für die großen, fortschrittlichen Kunstzentren, wie Athen, Argos und Korinth, gilt, während die entlegeneren Landschaften bis weit in das 5. Jh. hinein einen spät- und nacharchaischen Stil pflegen, bedarf keiner besonderen Darlegung.

Wenn wir den Beginn des 5. Jh. v. Chr. als den Beginn der klassischen Periode der griechischen Kunst ansehen, so muß eine Übergangszeit angenommen werden, die etwa bis an das Ende der Perserkriege, bis in die Zeit nach der Schlacht von Salamis (480 v. Chr.), währt. Man würde dann die Zeitspanne der *klassischen Kunst* vom Ende dieses ersten Jahrhundertviertels bis zum Beginn des letzten Jahrhundertviertels im 4. Jh., in die Zeit also von 475–325 v. Chr., ansetzen. Denn mit dem Tode Alexanders des Großen im Jahr 323 v. Chr. setzt ein Wandel ein, der die Kunst aus dem klassischen Zeitraum des 5. und 4. Jh. in den des *Hellenismus* hinüberleitet. Doch ist das letzte Viertel des 4. Jh. der *späten Klassik* in vieler Hinsicht noch eng verbunden. Gegenüber der archaischen Zeit des 7. und 6. Jh. auf der einen, der hellenistischen Zeit, die mit dem 3. Jh. beginnt, auf der anderen Seite schließen sich die beiden klassischen Jahrhunderte, das 5. und 4. Jh. v. Chr., eng zusammen. Untereinander freilich sind sie deutlich geschieden, so daß man durchaus von einer *ersten* und *zweiten Klassik* sprechen kann. Ja, man könnte in einer freien Verwendung moderner Begriffe von dem klassischen 5. das romantische 4. Jh. abheben.

Die Entwicklung der Kunst im 5. Jh. läßt sich über drei Generationen hin als *frühklassisch, hochklassisch* und *spätklassisch* bezeichnen. Man würde dann den Zeustempel von Olympia (Abb. 130), mit seiner Erbauungszeit zwischen 475 und 456 v. Chr., der frühen Klassik, den Parthenon (Abb. 119, 132), der zwischen 448 und 432 v. Chr. entstand, der hohen Klassik zurechnen. In jedem Fall bilden diese beiden bedeutendsten Tempel des Jahrhunderts für die Geschichte der Architektur wie die Geschichte der Plastik entscheidende Höhepunkte, wichtigste Quellen unserer Kenntnis und Anschauung. Zudem beherbergten beide Tempel die berühmtesten Götterbilder des berühmtesten Götterbildners der Antike, den olympischen Zeus des Phidias und seine Athena Parthenos (vgl. Abb. 73, 74, 134).

Überhaupt treten mit der *frühen Klassik* zum ersten Mal große Künstlerpersönlichkeiten in Erscheinung, von denen wir freilich oft nur die Namen kennen: *Myron* und *Kalamis, Hageladas* und *Onatas* als Bildhauer, ferner der große Maler *Polygnotos,* der eine neue Kunst in der Malerei heraufführte. Gewiß kennen wir auch aus archaischer Zeit Künstlernamen, die uns in der antiken Kunstliteratur überliefert oder durch Inschriften be-

kannt sind, die auf den Basen ihrer Monumente als Signatur standen. Auch vermögen wir in der archaischen Plastik einige Werke nach ihrem Stil dem einen oder anderen Meister zuzuschreiben. Bestimmte Züge seiner künstlerischen Handschrift sind es, die ihn von anderen Meistern seiner Zeit unterscheiden. Damit ist uns jeweils ein Teil, vielleicht der Kern des Œuvres eines bestimmten Meisters bekannt, nicht aber seine Persönlichkeit im historischen oder gar biographischen Sinn.
Mit dem 5. Jh. v. Chr. aber treten *Künstler* auf den Plan, deren Persönlichkeit sowohl durch den spezifischen Stil ihrer Werke (trotz aller Zertrümmerung und Entstellung der Überlieferung) zu uns spricht als auch durch eine charakterisierende, biographische Überlieferung. Damit wird ein neues Kapitel in der Geschichte des menschlichen Geistes aufgeschlagen, ein neuer Faktor in die Geschichte der Künste eingeführt: die Persönlichkeit des Künstlers selbst, dessen unverwechselbares und unwiederholbares Genie in seinen Werken zutage tritt und schon zu seiner Zeit erkannt wurde. Denn gerade dieses Genie hat seiner Zeit einen Stempel aufgedrückt, der noch nach Jahrtausenden als Signatur gilt. So sprechen wir etwa von der phidiasischen Epoche oder von dem Jahrhundert des Praxiteles. Gewiß hat es schon im Orient und in Ägypten Künstlersignaturen gegeben, die von dem Selbstgefühl, von Rang und Bedeutung dieser Meister zeugen. Doch bedeuten sie gegenüber der großen Zahl anonymer Künstler, der ungeheuren Masse anonymer Werke durchaus nur Ausnahmen. Erst im Griechentum – und hier schon in archaischer Zeit – finden sich *Künstlerinschriften,* und zwar nicht nur bei Werken der Plastik, sondern schon frühzeitig auf Erzeugnissen der Töpferkunst. Auch kannte die antike Literatur nicht nur Künstlergeschichten im Sinne von Geschichten über Künstler, wie es sie immer und überall gegeben hat, sondern einen echten Abriß der Geschichte griechischer Künstler, der sich um eine chronologische, landschaftliche, ja stilistische Einordnung bemüht. Solche geschichtlichen, in diesem Fall kunstgeschichtlichen Bemühungen stammen freilich aus späterer Zeit, aus dem Beginn des Hellenismus, dem 3. Jh. v. Chr. Damals ging man zum ersten Mal daran, das reiche Erbe an historischen Daten, Fakten und Anekdoten zu ordnen und – soweit wie möglich – kritisch zu sichten. Die Verbindung der uns erhaltenen Monumente mit den Resten einer Geschichte der griechischen Künstler, mit den antiken Bemühungen um die Kenntnis ihres Œuvres und die Erkenntnis ihres persönlichen Stils ist für die archäologische Forschung seit Winckelmanns Zeiten eines der wichtigsten Anliegen. Außerdem lassen sich gerade auf dem Gebiet der *Plastik* Gattungen und Gruppen von Monumenten zusammenfassen und in ihrer besonderen Art wie ihrer Entwicklung studieren. So etwa die Gattung der *Grabreliefs,* die schon in archaischer Zeit eine bedeutende Rolle spielt, im 5. Jh. zunächst zurücktritt, dann aber in seinem letzten Drittel sich reich und vielfältig entfaltet. Vor allem in Athen hat diese Gattung der Plastik sich ausgebreitet, so daß sie – von dort ausstrahlend – im 4. Jh. gleichsam ein attisches Monopol wurde. Zugleich waren diese Grabreliefs ein Exportartikel, der sich in fast allen, von Griechen bewohnten Landen findet. Ebenfalls schon in archaischer Zeit hatte sich die Gattung der *Weihreliefs* entwickelt – auf dem Festland, auf den Inseln und im ionischen Osten –, die dann im 5. Jh. und noch üppiger im 4. Jh. v. Chr. eine reiche Blüte erlebte. Dazu kam eine *Kleinkunst*

– sowohl in Bronze wie in Ton – die, ebenfalls *Weihgeschenke*, überwiegend bei den Heiligtümern gefunden wurde. Darunter befinden sich wahre Meisterwerke, die die hervorragende Rolle der Plastik im Rahmen der gesamten griechischen Kunst deutlich machen.

Zu allen Zeiten aber war die griechische Bildhauerkunst mit der *Architektur* eng verbunden, die – vor allem im 6. und 5. Jh. – reich mit plastischem Schmuck geziert war. Freilich mußte sich dieser Reichtum an Reliefs und Freiplastik, was seine Anbringung betraf, ganz in die „Ordnung" des Bauwerkes fügen. Der *dorische Tempel* kannte nur an den zwischen den Triglyphen eingefügten Metopenplatten plastischen Schmuck in Form einer kräftigen Reliefgebung; ferner in den Giebelfeldern (Tympana), zwischen deren Rahmen sich eine Komposition in Relief oder freier Plastik entwickeln konnte (Abb. 107, 119, 132). Die *ionische Ordnung* zeigt anstelle des Metopen-Triglyphen-Bandes ein Friesband, auf dem in fortlaufender Erzählung Reliefdarstellung angebracht werden konnte (Abb. 108, 125, 133); freilich in der Regel in flacherem Relief, als es bei den quadratischen, zwischen die Triglyphen eingespannten Metopen sich findet. Einzig am Parthenon gesellt sich zu den Metopen und den gewaltigen Kompositionen im Ost- und Westgiebel noch ein Friesband, eben der berühmte Parthenonfries von der Cella mit seiner Darstellung des Panathenäen-Zuges (Abb. 82). Doch waren auch in klassischer Zeit nur die Tempelbauten mit so reichem plastischem Schmuck versehen. Zweckbauten wie Hallen und Propyla, Rathäuser und andere öffentliche Gebäude wurden, wenn sie auch aus kostbarem Marmor aufgeführt waren, nicht mit plastischem Schmuck ausgestattet, es sei denn mit *Akroteren*, die in Form von Figuren oder ornamentalen Gebilden über den beiden Ecken und auf dem Scheitel eines Giebels angebracht wurden (Abb. 107).

Wenn durch die *klassische Zeit* hin die Entwicklung der Plastik im ganzen und einzelner Künstler im besonderen aufgezeigt werden kann, wenn auch in der Baukunst Namen berühmter *Architekten* genannt und mit bedeutenden Bauwerken verknüpft werden können – der des *Iktinos* mit dem Parthenon, des *Mnesikles* mit den Propyläen –, so ist uns für die große *Malerei* jener Zeit zwar mancher Name erhalten, aber kein einziges Original, mit dem wir ihn verbinden könnten. Gewiß kennen wir auch in der *Plastik* der klassischen Zeit kaum ein Werk eines berühmten Künstlers im Original. Dafür aber ist eine große Zahl solcher Meisterwerke in Form von – meist römischen – *Kopien* auf uns gekommen. Allerdings von der monumentalen Malerei des 5. und 4. Jh. v. Chr., die weitgehend eine Tafelmalerei großen Formats auf grundierten Holz- oder Tontafeln war, sind uns nur Auszüge auf Vasenbildern gleicher Zeit oder Umgestaltungen aus hellenistisch-römischer Zeit erhalten.

Auf Vasenbildern der frühklassischen Zeit finden sich in einigen seltenen Fällen Darstellungen, die offenkundig auf berühmte, große Gemälde Bezug nehmen. So etwa auf die Amazonenschlacht, die der Maler *Mikon* in der „Bunten Halle" am Markt von Athen, der Stoa Poikile, dargestellt hatte. Auf diesem Gemälde waren nach Aussage von Vasenbildern Figuren und Gruppen in starker Verkürzung, in einer ersten kühnen Anwendung von *Perspektive*, wiedergegeben. Damit war ein Kunstmittel zur Anwendung gekommen, um das seit zwei Generationen, seit dem Aufkommen der rotfigurigen Vasenmalerei, gerungen wurde. Seit der Mitte des 5. Jh. wird dieses Zaubermittel der Flächenkunst dann zum beherrschenden Element der klassischen sowohl wie der hellenistisch-römischen Malerei. Mit seiner Anwendung fand eine Abkehr statt von der streng flächenhaften, die Einzelheiten von Figur und Gegenstand nebeneinanderfügenden Darstellungsweise, wie sie die ägyptische Kunst und der alte Orient, aber auch die archaisch-griechische Flächenkunst allein gekannt und konsequent geübt hatten. Nunmehr wurde die Hinwendung zu einem illusionistischen Stil vollzogen, der dann im Hellenismus und weit in die römische Zeit hinein eine triumphale Entwicklung nehmen sollte, um rund tausend Jahre später von der abendländischen Kunst wieder aufgenommen oder neu gefunden zu werden.

Freilich können wir das Aufkommen dieses neuen, revolutionären Darstellungsmittels in der großen Malerei des späteren 6. und beginnenden 5. Jh. nicht verfolgen, da es an Anschauungsmaterial mangelt. Doch bietet für dieses Problem, das die beiden Generationen von 530–470 v. Chr. so leidenschaftlich beschäftigte, wiederum die Vasenmalerei einigen Ersatz. War doch in diesem, in Attika so hochentwickelten Kunstzweig in der Zeit um 530 v. Chr. in den Werkstätten Athens eine Malweise aufgekommen, die die bisherige – *schwarzfigurige* – Technik geradezu umkehrte. Wurden bisher Figuren und Ornamente mit schwarzer Firnisfarbe auf den natürlichen, rotbraunen Tongrund gesetzt, so begann man jetzt den gesamten Grund des Gefäßes, d. h. das gesamte Äußere seines Körpers, mit jenem schwarzen, glänzenden Firnis zu überziehen, die Figuren aber sorgfältig auszusparen, so daß sie als rotbraune, tongrundige Silhouetten erschienen. Diese Umkehrung hatte den großen Vorteil, daß die *rotfigurigen* Silhouetten durch feine, schwarze Pinselstriche mit reicher Binnenzeichnung versehen werden konnten, während jene älteren, kompakten, schwarzen Silhouetten nur mühsam und unzulänglich durch Ritzlinien aufzugliedern waren. Mit dieser Möglichkeit aber, eine präzise Innenzeichnung anzulegen, wurde für die Darstellung von Wendungen und Drehungen des menschlichen Körpers ein ganz neues Mittel gewonnen. – Auf diesen Anfängen aufbauend, gelangte die klassische Vasenmalerei des neuen Jahrhunderts rasch zu einer souveränen Beherrschung der perspektivischen Darstellung. Seit der Mitte des 5. Jh. v. Chr. gehörte dieses Kunstmittel zum selbstverständlichen Gebrauch eines jeden attischen Vasenmalers, wenn es auch gewiß mit sehr verschiedener Kunstfertigkeit angewandt wurde. Dieses Kunstmittel gehörte aber auch zum Handwerk eines jeden Bildhauers, wenn er sich anschickte, ein Relief auszuführen. Denn parallel mit der Vasenmalerei entwickelte sich auch in der Reliefkunst seit dem frühen 5. Jh. die Wiedergabe von Verkürzungen und perspektivischen Ansichten. Nach ersten, zögernden Versuchen, die sich – auch auf diesem Gebiet ganz auf Attika beschränkt – durch die erste Hälfte des Jahrhunderts hinzogen, fand dieses Stilmittel in den Gestalten des *Parthenonfrieses*, eines Werkes der hohen Klassik, seine vollendete, ja virtuose Verwirklichung.

Durch das Aufkommen des *rotfigurigen Stils* und seine rasche Entfaltung zur vollen Reife haben die attischen Vasenmaler bald den Töpferwerkstätten aller anderen Städte und Landschaften Griechenlands den Rang abgelaufen. Die Produktion der auswärtigen Werkstätten sank rasch auf den Stand provinzieller Qualität herab. Die *attische Keramik* dagegen wurde über ihre Geltung in Athen und im Mutterland hinaus ein Exportartikel von hoher Bedeutung. So finden sich attische Gefäße in großer Zahl und schönster Ausführung in unzähligen Gräbern reicher Etrusker, die schon im 6. Jh., mehr noch im 5., mit Athen in lebhafter Verbindung standen. Weit darüber hinaus finden sich Erzeugnisse attischer Keramik im gesamten Mittelmeerraum, nicht nur im östlichen und bis an die Randgebiete des Schwarzen Meeres, sondern ebenso in Massilia, im gallischen Hinterland und in Spanien. Ja, selbst nördlich der Alpen kommen vereinzelt Exemplare attischer Gefäße vor.

Mit dem letzten Viertel des 5. Jh. findet dann die attische Vasenmalerei in einem *reichen Spätstil,* etwa im Stil des Künstlers *Meidias* und seiner Schule, ein prunkvolles Ende. Wohl gibt es auch im 4. Jh. noch eine Vasenmalerei in Athen; wohl hat sie noch hohe Geltung und weite Verbreitung. Aber die Form der Vasen wie die Ornamente und der Bildschmuck werden üppig und ausschweifend. Die hohe Kunst, ein Gleichgewicht zu halten zwischen dem Bild als Schmuck des Gefäßes und als autonomer, selbständiger Aussage, ist verlorengegangen. Mit dem Ende des 4. Jh. versiegt dann diese Kunstgattung vollkommen. Damit fehlt uns aber für die weiteren hellenistischen Jahrhunderte eine der reichsten und farbigsten Gattungen griechischer Kunst überhaupt. Es fehlt uns auch, was die Vasenmaler des 5. Jh. in einigen seltenen Fällen zu geben vermochten, eine Vermittlung, eine reflektierende Darstellung von Werken der *großen* Malerei. Freilich hat die berühmte *Tafelmalerei* des 4. Jh. ihren eigenen, großartigen Entwicklungsgang genommen, frei von jeder Bindung an Wände und Architektur, frei auch von jeder Zweckverwendung, der ihren Tafelbildern höchste Geltung und höchsten Ruhm bis an das Ende der Antike sichern sollte. Tatsache ist jedoch, daß wir mit dem 4. Jh. v. Chr. von der Malerei der Griechen weder in Form einer Kleinkunst, wie sie bisher als Vasenmalerei durch acht Jahrhunderte hin eine so führende Rolle gespielt hatte, noch durch originale Zeugnisse der großen Tafelmalerei eine greifbare Vorstellung besitzen. Auch von der Architektur dieses Jahrhunderts läßt sich kaum eine allgemeine Anschauung gewinnen, eine zusammenhängende Entwicklung zeichnen. Die großen griechischen Heiligtümer, wie *Olympia* und *Delphi,* hatten früher bereits ihre feste Gestalt gewonnen, die *Akropolis von Athen* mit dem Ende des 5. Jh. ihr klassisches Antlitz erhalten, das bestimmt war durch die drei berühmten Bauwerke: den *Parthenon*, das *Erechtheion* und die *Propyläen* (Abb. 117). Bauten von gleichem Glanz und Anspruch wurden im 4. Jh. nicht geschaffen; dagegen des öfteren ältere Bauwerke ersetzt oder wiederhergestellt. So der *Apollontempel von Delphi* und das berühmte *Artemision von Ephesos*. Dabei schloß man sich eng an den Vorgängerbau an, wie überhaupt die Baukunst des 4. Jh. einen gewissen rückblickenden, bewahrenden Zug besitzt. Das gilt freilich ganz und gar nicht für Zweckbauten, wie Befestigungswerke oder das *Arsenal des Philon*, ein gewaltiges Zeughaus im *Piräus,* das für die Takelage der Kriegsschiffe errichtet wurde. Zwar ist uns von diesem Bau kein einziger Stein erhalten, wohl aber eine ausführliche Beschreibung in Form einer Inschrift, die eine genaue Rekonstruktion gestattet.

Wenn wir also in einem Vorausblick für das 4. Jh. v. Chr. die einschränkende Feststellung machen, daß die Bedeutung der Vasenmalerei nachläßt, die große Malerei so gut wie unbekannt bleibt, die Entwicklung der Architektur stagniert, so müssen wir andererseits feststellen, daß die *Plastik* um so mehr in den Vordergrund tritt. Hier ist die produktive Kraft des Griechentums unerschöpft, wird die Entwicklung mit unveränderter, lebendiger Energie weitergetrieben. Wie im 5. Jh. geben große Künstlerpersönlichkeiten die entscheidenden Antriebe. So *Lysipp* aus Sikyon, der schon im ersten Jahrzehnt des 4. Jh. geboren und bis in das letzte Jahrzehnt tätig gewesen zu sein scheint. So *Praxiteles*, dessen „marmoris gloria" die antike Welt erfüllte und uns aus seinem *Hermes in Olympia* entgegenstrahlt (Abb. 95). So auch *Leochares*, der Alexanders Hofbildhauer war und – wie auch *Lysipp* – die berühmtesten Bildnisse des großen Königs schuf. Daneben entwickeln sich die einzelnen Gattungen der Reliefkunst weiter, die Weihreliefs und – vor allem in Athen – die Grabreliefs, von denen sich schöne, oft ergreifende Beispiele in allen von Griechen bewohnten Landen finden. Freilich ist gerade für die *Grabreliefs* ein Endpunkt nicht nur ihrer Entwicklung, sondern ihrer Herstellung überhaupt festzustellen. Zwischen 317 und 306 v. Chr. wurde in Athen von Staats wegen ein Gesetz erlassen, das die allzu üppige Gräberkunst einschränken sollte, hatte sich doch seit der Mitte des 4. Jh. ein außerordentlicher Luxus in Form und Ausmaßen der Grabdenkmäler breitgemacht. Durch jenes Verbot des Gräberluxus wurde freilich die attische Grabkunst so gut wie beseitigt. Mit dem Ende des 4. Jh. gab es nur noch bescheidene Säulchen (columella) oder steinerne, tischartige Blöcke als Grabmäler. Mit dem Ende dieses Jahrhunderts wird überhaupt ein Endpunkt erreicht, der sich auf alle Gebiete der griechischen Kunst und Kultur erstreckt und in der Geschichte der Plastik besonders deutlich zu greifen ist. Durch *Alexander den Großen*, der von 336–323 v. Chr. regierte, und die Erschließung des Orients war eine neue Welt entstanden, die Welt des *Hellenismus*. Das Wort ist eine moderne Schöpfung des Historikers Johann Gustav Droysen, der im Jahr 1833 eine erste „Geschichte des Hellenismus" veröffentlichte. Es bezeichnet dieser Begriff den historischen Vorgang genau, der sich durch und nach Alexander vollzog, nämlich die Hellenisierung der östlichen Welt, jenes Bereichs, den wir den Vorderen Orient nennen. Wir sahen, wie das Griechentum, in den Jahrhunderten des geometrischen Zeitalters ganz in sich beschlossen, auf die eigentlichen griechischen Lande begrenzt existierte, wie es vom 7. Jh. an durch die Kolonisation an den Küsten des Mittelmeers Fuß faßte und mit dem Orient in Verbindung kam und wie es später in den großen Kämpfen gegen die Perser, den Orient also, ruhmreich seine Freiheit verteidigte. Jetzt bot sich ihm durch die Feldzüge Alexanders die weltweite Möglichkeit, den gesamten Vorderen Orient mit seiner Kultur zu durchdringen. Dieser Prozeß wurde schon von Alexander selbst eingeleitet. Er sollte um so rascher und eindringlicher vor sich gehen, als dieser Orient – am Ende einer Kette von Reichen und Kulturen stehend – bereit und begierig war, die Errungenschaften der griechischen Kunst und Kultur aufzunehmen. So eröffnet sich nach dem Tode Alexanders des Großen ein Zeitraum, der drei Jahrhunderte umfassen sollte. Demonstrative Monumentalität und Pathos sind Wesenszüge des hohen Hellenismus, während der Späthellenismus zu klassizistischer Erstarrung neigt.

Im Hellenismus bringen neue, mächtige Impulse eine Baukunst hervor, die den gesteigerten, oft barocken Anforderungen genügen soll. Eines der großartigsten Beispiele königlicher Planung und Ausführung ist der Burgberg von *Pergamon*. Hier wurde mit einer souveränen Kraft des Entwurfs wie der Durchführung die natürliche Gestalt des Burgbergs in eine Folge von Terrassen umgeformt, auf denen sich Märkte, Heiligtümer, Paläste und Verteidigungsanlagen ansiedelten (Abb. 147). Einen Teil dieser gewaltigen Gestaltung des Geländes bildet die Altarterrasse, auf der der berühmte *Zeusaltar* stand (Abb. 102, 103, 105, 106, 146). Die nächsthöhere Terrasse trug das *Heiligtum der Athena*, das auf seiner einen Seite hinter einer zweigeschossigen Halle die berühmte *Bibliothek* von Pergamon barg.

Große, lang hinlaufende *Hallen* waren besonders beliebte Anlagen in hellenistischer Zeit. Das damals schon altehrwürdige, traditionsbeladene *Athen* wurde damit beschenkt: *Attalos II. von Pergamon* (159–138 v. Chr.) stiftete eine doppelgeschossige Halle für den Markt von Athen, an dessen Ostseite sie heute unter Verwendung der alten Reste wieder aufgebaut ist und als Museum für die auf der Agora gemachten Funde dient. Eine andere hellenistische Halle, „die mittlere Halle", lag im rechten Winkel zur Stoa des Attalos und begrenzte die Agora im Süden mit einer Länge von fast 150 m. Eine weitere, mit 163 m noch längere Wandelhalle stiftete *Eumenes II. von Pergamon* (197–159 v. Chr.) für das Asklepieion am Südabhang der Akropolis.

Durch die Ausgrabungen von Pergamon wie durch andere Grabungen und Funde sind uns zahlreiche, originale Werke hellenistischer Plastik bekannt. Andere berühmte Monumente dieser Zeit sind durch römische Kopien überliefert. So läßt sich durch diesen verhältnismäßig reichen Bestand an Monumenten eine Geschichte der *hellenistischen Plastik* in Umrissen zeichnen. Die Geschichte der Plastik allein aber vermag uns einen Leitfaden durch die drei hellenistischen Jahrhunderte zu geben. Von der neuen Strenge des 3. Jh., die sich zum mindesten in seinem Beginn erkennen läßt, führt die Entwicklung zu den frühen Leistungen der pergamenischen Kunst, wie sie uns in der berühmten *Galliergruppe Ludovisi* und dem *sterbenden Gallier* vorliegen. Zu Beginn des 2. Jh. setzt dann eine zunehmende Verfeinerung einerseits, eine klassizistische Festlegung andererseits ein, so daß im Verlauf des 1. Jh. v. Chr. die Geschichte der hellenistischen Plastik ihr natürliches Ende und ihren Übergang in die *römische Reichskunst* findet. Nach Zeit und Raum besitzt dieses hellenistische Zeitalter große Dimensionen. Verwirrend ist die Fülle der Kriege und politischen Ereignisse, die sich von den Diadochenkämpfen der Zeit nach Alexanders Tod bis zu den Auseinandersetzungen der hellenistischen Staaten mit der aufsteigenden Macht der Römer hinziehen. Verwirrend ist auch die Fülle von Kunstwerken, die uns aus allen Teilen dieser hellenistischen Welt, aus Griechenland und der Ägäis, mehr noch aus Kleinasien und dem hellenisierten Orient, erhalten sind. Kurz vor der Zeitenwende wird dieses dramatische Geschehen abgeschlossen: Das *Imperium Romanum* behauptet seinen Rang als das fortan bestimmende Kaiser- und Weltreich.

Nicht nur die Geschichte der griechischen Vasenmalerei, die Geschichte der griechischen Kunst überhaupt beginnt mit dem *geometrischen Zeitalter* und seinen ersten Schöpfungen. Da aber die ersten Schöpfungen sich ausschließlich auf keramische Erzeugnisse beschränken, wird die *Vasenmalerei* für die Anfänge der griechischen Kunst zum einzigen roten Faden, an dem sich die Entwicklung künstlerischer Vorstellungen ornamentaler Art verfolgen läßt. Der Übergang von der spätesten mykenischen Zeit zu den ersten, bescheidenen Gefäßen von griechischer Hand, der sog. *protogeometrischen Keramik,* vollzieht sich im Verlauf des 11. Jh. v. Chr. Besonders deutlich und exemplarisch vermögen wir diesen Übergang in *Athen* zu verfolgen, wo der Friedhof vor dem Dipylon-Tor – durch langjährige Grabungen – uns eine Fülle von Keramik des 2. und 1. Jahrtausends v. Chr. wiedergeschenkt hat.
Kerameikos hieß das Töpferviertel von Athen. Nahe bei ihm lag außerhalb der Stadtmauern, durch ein großes Doppeltor – das berühmte *Dipylon* – zu erreichen, der Staatsfriedhof von Athen. Sein Gelände wurde vom Bach Eridanos durchzogen. So heißt dieser Friedhof und seine heutige Ausgrabungsstätte in der modernen archäologischen Literatur bald *Friedhof am Dipylon* oder am *Eridanos,* bald *Kerameikos-Friedhof* oder einfach Kerameikos. Durch die sorgfältige Untersuchung der dort gemachten Funde ließ sich ein zuverlässiger Leitfaden der Chronologie dieser ersten Jahrhunderte entwickeln. Dazu kommt, daß die Bevölkerung Athens zur Zeit der dorischen Wanderung nicht wechselte, so daß eine Tradition durch das ganze 2. Jahrtausend hin bestand, die sich gerade in den Erzeugnissen des Töpferhandwerks bekundet. Dennoch führt der Übergang von der späten mykenischen Keramik, die das Erlöschen einer alten Kultur deutlich offenbart, zu den ersten frühprotogeometrischen Gefäßen durch ein weitgedehntes Wellental, dessen wieder ansteigende Kurve erst mit dem eigentlichen geometrischen Stil, genau gesagt, seiner *frühgeometrischen Phase* erkennbar wird. Mit der Wende zum 9. Jh. beginnt dieser hohe *geometrische Stil.* In einer Spanne von zwei Jahrhunderten vollzieht er seine Entwicklung, die von der frühgeometrischen Stufe zur *reif- und spätgeometrischen* führt. In dieser Zeit des 9. und 8. Jh. v. Chr. findet sich der Stil, der dem ganzen Zeitalter den Namen gab, in allen griechischen Landen. Besonders aber erfährt er in *Attika* eine glanzvolle Entwicklung, deren Zeugen noch heute Gefäße von höchstem künstlerischem Rang sind, hinsichtlich ihrer Gestalt im ganzen wie ihres Dekors im einzelnen (Abb. 1). In diesen beiden Jahrhunderten steht – wenigstens für unsere Kenntnis der Kunst – die *Keramik* im Vordergrund. Sie war – durch die reiche Ornamentik der Gefäße und die so konsequente Entwicklung ihres Schmuckes – einer der bedeutendsten Kunstzweige dieses Zeitalters bis in seine Reife- und Spätzeit. Daneben gab es auch andere Formen künstlerischer Betätigung, von denen uns viele für immer verloren sind. So etwa die Kunst des Webens und Stickens, die immer und zu allen Zeiten eine Rolle gespielt hat; die wir freilich nur noch erahnen und aus Parallelen der keramischen Ornamentik erschließen können. Offenkundig sind die Parallelen, ja Gemeinsamkeiten von *textiler* und *keramischer Ornamentik* sehr eng und die Frage, wo Primat und Erfindung

1 Reifgeometrische Amphora vom Kerameikos. Mitte 8. Jh. v. Chr. Athen, Nationalmuseum Nr. 804. Höhe: 155 cm, größter Durchmesser: 74 cm. Das außerordentlich große attische Gefäß ist vollständig mit geometrischem Ornament bzw. mit Firnis bedeckt. Die strengen Ornamentstreifen werden zur Mitte hin breiter. Das figurenreiche Bild zwischen den Henkeln mit der Darstellung einer Prothesis – Aufbahrung des Toten und Totenklage – überragt alle anderen Streifen an Höhe. Seine Bedeutung wird betont durch das einfassende Rahmenwerk von Ornamentstreifen, das es in horizontaler, vor allem aber in vertikaler Richtung umgibt. In der Mitte der Zentralkomposition befindet sich das Totenbett, auf dem der Tote als schwarze, langgewandete Figur liegt. Über ihn ist bis zum oberen Bildrand das feinkarierte Bahrtuch ausgebreitet. Unter dem Bett – richtiger vor ihm – knien zwei Personen, rechts sitzen zwei weitere auf Stühlen; alle heben die Arme zum Kopf; ebenfalls die stehenden Trauernden rechts und links. Es handelt sich wohl um nackte Männer; links sieben, rechts sechs und ein Knabe. Man kann sich die dramatische Szene auch in großem Format als Bild auf Holz oder Ton, ja als Wandbild vorstellen. Die Zeit der reinen Ornamentik, auch der ornamentalen Tierfriese ist vorüber. Ein echter Figurenstil kündigt sich an.

2 Frühgeometrische Amphora. Anfang 9. Jh. v. Chr. Athen, Kerameikos-Museum Nr. 576. Höhe: 44 cm. Der Gefäßkörper hat eine gedrungene, kugelige Form und einen stämmigen, kraftvoll geschwungenen Hals. Der schwarze Firnis läßt in Höhe der Henkel einen breiten Gürtelstreifen frei, in den je zwei abgezirkelte, konzentrische Kreisornamente neben dem vergitterten quadratischen Mittelfeld eingepaßt sind.

3 Strenggeometrische Amphora. Mitte 9. Jh. v. Chr. Athen, Kerameikos-Museum Nr. 2146. Höhe: 69,5 cm. Aus zahlreichen Bruchstücken zusammengesetzt, aber fast vollständig erhalten. Gestreckte Eiform des Gefäßkörpers mit straffer, eleganter Emporziehung des Halses. Dekor im unteren Teil in Streifen gegliedert, die von feinen, schwarzen oder tongrundigen Linien gesäumt werden. Die Schulterzone zeigt reiche, zierliche Ornamentierung, die gleich einem Spitzenkragen aufliegt. Der Hals wird durch steif gewinkeltes Mäanderband auf Tongrund optisch in zwei Hälften geteilt; im Hauptfries vor dem Tongrund schwebende Scheibenornamente durch abwechslungsreiche, strenge und doch prunkvolle Rahmung stark hervorgehoben. Der Ornamentfries, der die Gürtelzone zwischen den Henkeln einnimmt, ist dem aus Metopen und Triglyphen bestehenden Fries der dorischen Ordnung vergleichbar.

4 Spätgeometrischer Krater. (Ausschnitt). Vom Friedhof vor dem Dipylon-Tor. Nach 750 v. Chr. Athen, Nationalmuseum Nr. 990. Gesamthöhe: 123 cm. Die figurenreiche, dramatische Darstellung des Leichenzuges und der Wagenauffahrt zeigt deutlich die Auflösung des festen Gefüges der althergebrachten geometrischen Ornamentik. Der Streifen zwischen den Henkeln wird in der Mitte überhöht, um dem Aufbau der Bahre, des Verstorbenen darauf und des Bahrtuches darüber breiten Raum zu geben. Die Reihen der Klagenden sind gleichsam in zwei Stockwerken angeordnet. Zwischen den Menschen, Tieren, Gegenständen sind Ornamente locker eingestreut.

5 Gorgonenamphora. Um 670–660 v. Chr. Eleusis, Museum. Höhe: 142 cm. Aus Bruchstücken wieder zusammengefügt. Auf der Wandung des steil emporgezogenen Gefäßkörpers entwickelt sich ein Bildfeld mit riesigen Figuren. Dort eilen, nach rechts hin – schrecklichen Nachtgespenstern vergleichbar – zwei Gorgonen, deren phantastische, schlangenbewehrte Köpfe herausgewendet sind. Ihnen tritt von rechts her Athena entgegen. Sie schützt Perseus, der soeben die dritte der furchtbaren Schwestern, Medusa, enthauptet; der Held und die zusammensinkende Gorgone sind auf der anderen Hälfte des Gefäßleibes abgebildet. Am Gefäßhals ist die Blendung des Kyklopen Polyphem durch Odysseus und seine Gefährten dargestellt; darunter ein Fries mit kämpfenden Tieren, Löwe und Eber. Fast alle Figuren und Ornamente sind mit schwarzem Firnis, der Körper des Odysseus ist mit weißem Firnis gemalt. Das monumentale Gefäß ist eines der großartigsten Beispiele der sog. protoattischen Malerei des 7. Jh. v. Chr., die sich mit kämpferischem Elan von der strengen geometrischen Ordnung löst.

△ 2 ▽ 4 △ 3 ▷ 5

liegen, ob bei den Ornamenten der Keramik, die uns bekannt, oder den Mustern der Textilkunst, die uns verloren sind, ist nicht mehr zu beantworten. Zu diesen Flächenkünsten der Keramik und der Gewebe gesellt sich ferner die Kunst der *Schnitzerei* aus Holz, aus Knochen und Elfenbein, die an Möbeln und Geräten, aber auch in freiplastischen Statuetten ihre Verwirklichung fand. Endlich gab es, mindestens seit dem 9. Jh. v. Chr., den künstlerischen *Bronzeguß,* von dem uns zahlreiche geometrische Statuetten von Mensch und Tier überliefert sind (Abb. 38). So ist uns die Kunst des geometrischen Zeitalters in einem mit den Jahrhunderten immer zunehmenden Maße sowohl durch die keramischen Erzeugnisse und ihre Ornamentik als auch durch Kleinplastik verschiedenster Art und Materie bekannt. Ja, es ist die Kunstübung dieses Zeitalters, das nach Stil und Daseinsform ganz begrenzt war auf das eigentliche Griechenland, abgeschlossen gegen die umgebende Welt, abgeschirmt gegen Einflüsse, wie sie der Orient durchaus schon hätte ausüben können, das großartige Beispiel eines vorbereitenden, klärenden,

6 Amphora aus Melos. Mitte 7. Jh. Athen, Nationalmuseum Nr. 3961. Höhe: 95 cm. Das frei über einem Sockel sich entfaltende Gefäß wurde aus großen Fragmenten wieder zusammengesetzt. Am Hals ist in einem mittleren Bildfeld ein Kampf zweier Krieger dargestellt, die mit Panzer und Schild ausgerüstet sind. Zu ihren Füßen liegen – wohl als Kampfpreis – Panzer, Helm und Schild. Seitlich dieser Mittelszene steht je eine in Mantel und Gewand gekleidete Frau. Hauptbild: Darstellung des die Kithara spielenden Apollon mit zwei weiblichen Begleiterinnen auf einem Wagen mit Viergespann und seine Begegnung mit Artemis, die von rechts – einen zahmen Hirsch am Geweih haltend – herbeikommt. Auf der anderen Seite am Gefäßhals Spiralen, die um zwei Lotosblüten angeordnet sind; in der Mitte zwei Pferde, die sich gegenüberstehen und einen weiblichen, im Profil gegebenen Kopf rahmen. Jene Seite ist also deutlich als Rückseite gekennzeichnet. Überall reich ausgestreute Füllornamente verschiedenster Form. Das Gefäß wurde in einer melischen oder parischen Werkstatt gefertigt, die von der attischen Vasenmalerei und vom Orient beeinflußt war.

7 Amphora aus Naxos. Kurz vor Mitte 7. Jh. v. Chr. Athen, Nationalmuseum Nr. 11708. Höhe: 82 cm. Aus großen Scherben zusammengesetzt, fast vollständig erhalten. Das Gefäß steht mit seinem straffen, knappen Aufbau und der strengen, kargen Ornamentierung durch umlaufende Striche noch ganz in geometrischer Tradition. Andererseits zeigt es in den fest gerahmten Bildfeldern Tierdarstellungen, die nach Form und Inhalt – Fabelwesen, Löwen – auf orientalische Einflüsse zurückgehen und schon ganz dem neuen, phantastischen Bilderstil des 7. Jh. angehören. Da diese Darstellungen aber streng ornamental, ja symmetrisch angelegt und fest in den Bildschmuck eingebaut sind, verbinden sie sich mit jener geometrischen Formenwelt auf das beste zu einer organischen Einheit.

8 Reifgeometrische Amphora, wahrscheinlich vom Friedhof am Dipylon. 1. Viertel 8. Jh. v. Chr. München, Antikensammlungen Nr. 6080. Höhe: 51 cm. Gesamter Gefäßkörper mit Ornament bedeckt. Am untersten Teil über dem Standring einfache, schwarze Firnisbänder; darüber Gänsefries, dann reicher, vielfältig abgestufter Aufbau geometrischer Ornamentstreifen. Klar heben sich die beiden Mäanderbänder hervor, getrennt von dem überaus fein gemalten Schachbrettmuster am weitesten Umfang des Gefäßkörpers. Auf den Schultern, zwischen den Henkeln, streng ornamental gehaltene Aufreihung liegender Steinböcke mit zurückgewendetem Hals. Am Gefäßhals großes Mäanderornament. Oben ein Fries äsender Rehe. Die gleichmäßigen Tierfriese spielen keine entscheidende Rolle, sondern fügen sich noch völlig dem geometrischen System der Dekoration ein.

festigenden Stadiums der Kunst. Ihm kommt als einer Zeit der Vorbereitung, der Inkubation gleichsam, große Bedeutung für die spätere Entwicklung der monumentalen Plastik, aber auch der Architektur zu.

Die beiden auf Abb. 2 und 3 abgebildeten *Amphoren* gehören der klassischen Zeit des *geometrischen Stils,* dem 9. Jh., an; das linke Gefäß stammt aus dem Beginn, das rechte aus der Mitte dieses Jahrhunderts. Beide zeigen noch den Gefäßkörper wie den Hals weitgehend mit schwarzem Firnis bedeckt. Der stämmigen Form des ersten Gefäßes (Abb. 2), das wir nach seinen beiden Henkeln Amphora zu nennen pflegen, entspricht die einfache, aber kraftvolle Schmuckzone. Dadurch ergibt sich eine größere, straff aufsteigende untere Partie einerseits, eine niedrigere, flacher eingezogene Schulterzone andererseits. Im schwarzen Glanz seines Firnisses, dessen dichter Auftrag von keinem Ornament unterbrochen wird, in der feinen Profilierung seiner Lippe erscheint diese Amphora wie eine wohlgelungene Nachbildung von Metallform. Das jüngere Gefäß (Abb. 3) trägt weit reicheren Schmuck. Der ganze Aufbau, vom Standring über den straff geschwungenen Körper zum hochgeschweiften Hals, besitzt ebenfalls die Präzision und Eleganz eines Metallgefäßes, die klare, durchsichtige Führung des Ornaments etwas von der Strenge eines Gitterwerkes. Der tektonische Aufbau wird durch den Dekor geklärt und offenbart. Bauwerk und Schmuck halten sich bei diesem Gefäß die Waage.

Mit dem 8. Jh. v. Chr. hat das schmückende Element die volle Herrschaft über den Gefäßkörper gewonnen. Die schöne *reifgeometrische Münchner Amphora* (Abb. 8) entstand in seinem ersten Viertel. Da ist keine Stelle an dem straff, fast hart profilierten Körper und dem hohen, ein wenig steifen Hals, die nicht von dem alles umziehenden Streifensystem erfaßt würde. Neben den rein ornamental geschmückten, mit Mäander, Schachbrett, Rauten gezierten Zonen treten jetzt auch figürliche Darstellungen auf. Sie erscheinen in Friesform und zeigen Friese von Gänsen, gelagerten Steinböcken, äsenden Rehen. Doch sind auch diese figürlichen Darstellungen noch durch gleichmäßige Aufreihung ganz dem Ornamentsystem eingefügt.

Ein Gefäß von ungewöhnlicher Pracht und Größe ist die *reifgeometrische Amphora von Kerameikos* (Abb. 1), die als eigenes, einzelnes Monument auf einem Grab des Friedhofs am Eridanos stand. Bei dieser Amphora ist dem feinen Gewebe der Ornamentik und Tierfriese eine dramatische, figürliche Szene eingespannt. Sie stellt, dem Sinn des Gefäßes als Grabmal Ausdruck gebend, die Klage um den aufgebahrten Toten dar. Kurz vor der Mitte des 8. Jh. entstanden, bildet dieses großartige Werk attischer Töpferkunst einen *Höhepunkt des reifgeometrischen* Stils, zugleich einen Übergang zum spätgeometrischen Figurenstil der zweiten Hälfte dieses Jahrhunderts. Wie sehr in *spätgeometrischer* Zeit der Drang zu erzählender Darstellung wuchs, wie sehr ihm die Vasenmaler nachgaben, die Töpfer Raum schufen, zeigt ein riesiger *Krater*, der ebenfalls einst auf dem Friedhof vor dem Dipylon-Tor als echtes Grabmal auf einem Grab stand (Abb. 4). Dargestellt ist in breiter, fast pomphafter Erzählung die *Ekphora*, die Überführung des Toten vom Haus zum Friedhof. Das Totenbett, auf dem er langausgestreckt liegt, steht auf einem vierrädrigen Wagen, der von einem Zweigespann gezogen wird. Über dem Verstorbenen ist – scheinbar schwebend – lang und schmal das Leichentuch in sorgfältiger Karierung dargestellt. Rundum sind die Scharen der Trauernden und Klagenden aufgereiht; alle nackt, als schwarze Silhouetten, die Männer mit kurzem Schwert an der Hüfte. Der untere Streifen aber zeigt eine Auffahrt von Zweigespannen, in der das ritterliche Leben dieses Jahrhunderts, ja eines ganzen Zeitalters noch einmal großartig zu Wort kommt. Schon drängt die dramatische Erzählung die Ornamentik in eine dienende Rolle.

Mit dem 7. Jh. setzt sich in der griechischen Vasenmalerei ein Figurenstil durch, dessen Aufkommen bereits in spätgeometrischer Zeit im Verlauf der zweiten Hälfte des 8. Jh., zu erkennen ist. Eine der Voraussetzungen dieses neuen, darstellenden Stils ist die Überwindung des geometrischen Formensystems, ein Vorgang, der sich genau an der Gefäßdekoration verfolgen läßt. Hatte doch gerade auf diesem Gebiet der geometrische Stil sich besonders streng und konsequent entwickelt, gerade hier in der Zeit seiner Blüte, die von der Mitte des 9. bis zur Mitte des 8. Jh. reicht, den ihm eingeborenen, totalitären Anspruch verwirklichen können. Zahlreiche Beispiele zeigen, wie diese hohe Kunst geometrischer Ornamentierung eine Vielfalt von Formen mit strenger Systematik zu vereinigen wußte. Ja, man kann diese beiden Faktoren als die entscheidenden Elemente der griechischen geometrischen Kunst ansehen: größte Variation der Einzelformen bei strengster Einheit des Ganzen. Und eben diese beiden Elemente begannen seit der Mitte des 8. Jh. zu schwinden. Die Einzelformen der Ornamente verkümmerten und erstarrten. Die Einheit des Ganzen aber, das hohe ornamentale Gesamtgefüge, wurde von figürlichen Darstellungen erst bedroht, dann gesprengt und aufgelöst.

Keine der griechischen Landschaften hat den *geometrischen Stil* so konsequent entwickelt wie *Attika* und *Athen*. So wurde auch an keinem Ort der Kampf um die Erhaltung der alten Regeln geometrischer Kunstübung, das Ringen um eine neue Bildform, der Durchbruch zu einem großen, *archaischen Figurenstil* so leidenschaftlich geführt wie in Attika. Zwei volle Generationen hindurch währte dieser Kampf, vom Ende des 8. bis zur Mitte des 7. Jh. Dazu kommt freilich noch eine Zeit der Vorbereitung solcher Auseinandersetzungen einerseits, ein Ausklingen bis zur Gewinnung eines gefestigten Figurenstils im Verlauf der zweiten Hälfte des 7. Jh. andererseits. Mitten in diese Zeit der Geburt eines monumentalen Stils der Malerei führt uns die *protoattische Gorgonenamphora,* die erst vor einigen Jahren in Eleusis gefunden und aus zahlreichen Fragmenten zusammengesetzt wurde (Abb. 5). Bei ihrer, dem äußeren Umfang wie dem inneren Anspruch nach monumentalen Figurenkomposition ist der elementare Wille zum großen Format zu spüren. Ihm gelingt die Schaffung einer Bildzone, die alle Proportionen keramischen Dekors sprengt. Mit ihm vereinigt der Künstler den Drang zu starkem Pathos und dramatischem Vortrag. Wie eine Vorahnung von Gestalten der griechischen Tragödie wirkt diese Szene noch auf den heutigen Betrachter. Wie sehr muß sie erst einen Menschen jener frühen, so aufgewühlten Zeit gepackt und erschüttert haben! Wenn die große Amphora von Eleusis etwa im Jahrzehnt 670–660 v. Chr., also mitten in der so bewegten ersten Hälfte des 7. Jh., entstanden ist, so wird man die kleinere, aber immer noch stattliche *Amphora aus Melos,* die sich im Nationalmuseum in Athen befindet, um die Mitte des Jahrhunderts ansetzen (Abb. 6). Vielleicht hat das feierliche Thema, die Auffahrt des Apollon und seine Begegnung mit Artemis, den geruhig-repräsen-

tativen Stil veranlaßt; vielleicht auch besaß der Maler von sich aus einen eigenen, spröden, etwas prätentiösen Stil. Jedenfalls ist das Bild mit den schreitenden Rossen in der Mitte, mit der teppichhaften Ausbreitung der Figuren und Ornamente, dem steifen Zeremoniell seines Vorgangs von großer Ruhe und Strenge erfüllt, die diese Darstellung nachdrücklich abhebt von dem turbulenten Geschehen auf der eleusinischen Amphora (Abb. 5). Dort erschien uns die Wildheit des Vorgangs, die dramatische Steigerung der Aussagen wie eine Vorahnung griechischen Dramas. Demgegenüber läßt die feierliche Begegnung der Götter auf der melischen Amphora an frühe griechische Dichtung denken.
Während in geometrischer Zeit die Inseln der Ägäis und die Städte Ioniens zwar eigene keramische Werkstätten besaßen, aber – verglichen mit Athen – nur in bescheidenem Maße und sparsam in den Formen eigene geometrische Stile entwickelten, bricht mit dem 7. Jh. in allen griechischen Landen eine reiche, originelle, höchst verschiedenartige Produktion der Töpferkunst hervor. Zu keiner Zeit war die Landschaft der keramischen Erzeugnisse, ihrer Werkstätten und Meister so bunt und verschiedenartig, zugleich so weit ausgedehnt über alle, von Griechen bewohnten Gebiete wie in diesem in jeder Hinsicht so schöpferischen Jahrhundert. Eines der köstlichsten und zugleich eines der frühesten Beispiele dafür ist die berühmte *Greifenkanne*, die *aus Ägina* stammt und sich im Britischen Museum befindet (Abb. 11). Wie hier der plastische Greifenkopf – metallene Vorbilder nachahmend (vgl. Abb. 39) – dem hohen, starren Hals aufgesetzt ist, der seinerseits dem selbständig gebildeten Kugelkörper des Gefäßes aufgenietet zu sein scheint, wie ferner ein starkes, fast hartes Rahmenwerk die Tierleiber isoliert und zugleich hervorhebt, das zeugt von einem durchaus eigenmächtigen Stil, der sich in einer Inselwerkstatt, vielleicht auf Paros, zu Beginn des 7. Jh. entwickelt hat. – Dieser Greifenkanne gegenüber wirkt eine *Amphora aus Naxos* (Abb. 7) sehr viel trockener und strenger in ihrem Bildschmuck, der noch stark an geometrische Ordnung erinnert, obwohl man das Gefäß bis zur Mitte des 7. Jh. hinabdatieren wird. Wie kühn, wie großzügig ist dagegen eine *Kleeblattkanne* ornamentiert, die in Cumae, dem griechischen Kyme, einer ionischen Kolonie nördlich von Neapel, gefunden wurde (Abb. 10), doch stammt das Gefäß seinem Ton und seiner Ornamentierung nach aus Korinth. Es gehört dem sog. *protokorinthischen Stil* an und wurde um die Wende des 8. zum 7. Jh. geschaffen. Dem Ende des 7. Jh. oder schon der Wende zum 6. gehört eine *frühkorinthische Kanne* an, bei der die symmetrische Ordnung der Tiere und Fabelwesen in einer heraldisch-erstarrten Form durchgeführt ist (Abb. 9). Nach Rhodos exportiert, gelangte dieses Gefäß in eines der Gräber, die bei der antiken Stadt Kamiros ausgegraben wurden.
Mit dem 6. Jh. hat sich eine Beruhigung der Thematik, eine Verfestigung des Stils durchgesetzt, die von der letzten Generation des 7. Jh. vorbereitet oder schon erreicht war.

9 FRÜHKORINTHISCHE KANNE (Olpe). Um 600 v. Chr. London, British Museum Nr. A 1352. Höhe: 29 cm. Die elegant und zügig geschwungene Gefäßform mit dem Rotellenhenkel verrät die unmittelbare Nachahmung eines Bronzegefäßes. In zwei Friesstreifen stehen phantasievoll gestaltete ornamentale Fabeltiere einander gegenüber. Der Grund ist durch blütenartige, schlichte Streumuster belebt. Am Gefäßhals dunkler Firnis.

10 Protokorinthische Kleeblattkanne. Fundort Cumae (Kampanien). Um 700 v. Chr. Neapel, Museo Nazionale. Höhe: 33,4 cm. Den fest gerundeten Leib des Gefäßes mit geschwungener Mündung überziehen kreisende, gewundene Bänder, die gleichermaßen Ornament wie pflanzliches Gebilde sind. Hier ist jede Bindung an geometrische Schranken abgeworfen. Frei und schweifend umrunden diese Bänder die Wölbung des Gefäßleibes, die neue Freiheit überlegen nutzend. Geometrische Formen finden sich nur noch am Hals.

11 Greifenkanne aus Ägina. Wende 8./7. Jh. v. Chr. London, British Museum Nr. A 547.78.8/ 20.385. Höhe: 41,6 cm. Die Datierung dieses – vermutlich in einer Inselwerkstatt entstandenen – in seiner Art singulären Gefäßes schwankt innerhalb eines halben Jahrhunderts, zwischen 725 und 675 v. Chr. Über kugelig plastischem Gefäßkörper ein fester Hals, der in einen Greifenkopf mit energisch geöffnetem Schnabel übergeht. Unten schlichtes Dreieckornament mit in Voluten auslaufenden Begleitlinien. Darüber gedrehtes Zopfornament und Mäanderband. Um die Schulter Felder mit kraftvollen Tierszenen. Am Hals dekorative Schmuckelemente. Das stark plastische Gefäß offenbart die Vorliebe der archaischen Zeit für dramatische Gestaltung.

12 Gorgonenkrater (Ausschnitt). Wende 7./6. Jh. v. Chr. Paris, Louvre Nr. E 874. Höhe mit Ständer: 93 cm; Höhe des Kraters: 44 cm; größter Durchmesser: 30 cm. Der antike Name dieses bauchigen Kesselgefäßes war Dinos. Der Kessel ahmt Metallgeräte nach. Der zierlich ausgeprägte Stil schwarzfiguriger Vasenmalerei ist Werken des berühmten Vasenmalers Sophilos eng verwandt, vermutlich in dessen Atelier entstanden. Als feingliedriger Hauptfries ist das Gorgonenabenteuer des Perseus dargestellt. Wir sehen links das Gespann, mit dem Athena angekommen ist, Hermes als ihren fast höfisch-kavaliermäßigen Begleiter; ferner die fallende Medusa in einer zierlich-schauspielerhaften Attitüde und rechts eine der davoneilenden gräßlichen Gorgonen. Attisch ist die Eleganz der Haltung, die geistreiche Betonung, der präzise Rhythmus der Bewegung, die Zuspitzung der Gebärden, die metallische Feinheit der Linien.

13/14 Trinkschale des Xenokles-Malers. Um 550 v. Chr. Tarquinia, Museo Nazionale Nr. RC 4194. Höhe: 17 cm; Durchmesser: 32 cm. Das Innenbild zeigt den Ringkampf des Herakles mit dem Meeresgott Triton, dem er das Geheimnis des Weges zu den Gärten der Hesperiden entringt, und, als Kranz herumgelegt, den Reigen der Nereiden; das Außenbild stellt eine Quadriga dar, die in der zierlichsten Präzision, fein und schwebend, auf den Rand gesetzt ist. Von der Einziehung des schmalen Fußes zur Wölbung des Schalenrundes bis zu der ihr antwortenden Schwingung des Randes ist der Aufbau des Gefäßes in makelloser Klarheit vollzogen. Dazu gehört die sichere Führung der Henkel, die den Ausklang des Gefäßkörpers in den Raum vollziehen. Mit unübertroffener Meisterschaft stehen hier Form und Bewegung im Einklang.

15 Schale des Vasenmalers Oltos. Mitte 6. Jh. v. Chr. München, Antikensammlungen Nr. 2581. Höhe: 14,5 cm; Durchmesser: 33,5 cm. Als Innenbild ist der dahinlaufende Dionysos mit einem Trinkhorn in der Hand dargestellt. Temperamentvoll nutzt der Künstler die Gegebenheiten des Rundes.

16 Deckelamphora aus der Werkstatt des Töpfers Amasis. Athen, um 530 v. Chr. Würzburg, Martin-von-Wagner-Museum Nr. 265. Höhe: 34,7 cm. Der obere silhouettenhafte Fries zeigt Dionysos auf einem Schemel sitzend, von tanzenden Satyrn und Mänaden umgeben. Das Hauptbild schildert Satyrn als kräftige, muskelstarke Gesellen, die Wein keltern. Einer von ihnen tritt die Trauben in einem Korb. Ihr Saft fließt von einer geneigten Fläche darunter in ein in den Boden eingelassenes großes Tongefäß, einen Pithos. Links im Bild schüttet ein Satyr aus einer Hydria Wein in ein in den Boden halb eingesenktes Tongefäß. Wie die behäbige Form der bauchigen Amphora etwas von dionysischer Sattheit besitzt, so sind die feisten Satyrn eine prächtige Verkörperung dionysischen Treibens. Dieses kraftvolle Leben wird mit der größten Feinheit und Knappheit, ja einer gewissen Eleganz des Pinselstriches wiedergegeben. Archaische Fülle und Vitalität werden in dieser Vase des schwarzfigurigen Stils mit höchster Meisterschaft bewältigt.

△ 10

▽ 12

11 △

◁13 △14 ▽15 ▷16

Das Riesenformat der frühen, großfigurigen Bilder wird aufgegeben oder doch eingeengt. Die weite Streuung der Füllornamente, die schweifende Führung der Bandgeschlinge wird verdichtet und vereinfacht. Doch bleibt auch jetzt noch eine Fülle der Schulen und Werkstätten, der Stile und Handschriften, von der hier kaum eine Vorstellung gegeben werden kann. Da aber Attika und Athen im Verlauf des 6.Jh. seine alte Vormachtstellung wieder zu erringen sich anschickt und immer eindeutiger auszubauen vermag, sollen einige Schöpfungen *attischer Werkstätten* einen Begriff von dem Reichtum und der Qualität der Vasenmalerei dieses Jahrhunderts gerade in attischer Sprache vermitteln. Diese Sprache ist ebenso fein und zierlich, wie sie streng, klar und spröde ist. Das zeigt der vorzüglich erhaltene *Gorgonenkrater* des Louvre (Abb. 12), der in der Form des kesselartigen Gefäßes wie des reichgegliederten Ständers eine wahre Pracht an Aufbau und Gliederung entfaltet. Er ist in dem in der attischen Keramik seit dem Ende des 7.Jh. vorherrschenden *schwarzfigurigen Stil* bemalt. Die Innenzeichnung der silhouettenhaften Gestalten erfolgt durch Ritzung. Als schönster Schmuck des reichen Ornamentwerkes dieser keramischen Meisterleistung umzieht die obere Hälfte des Kessels die Darstellung des Gorgonenabenteuers. Wir haben es, ein Dreivierteljahrhundert zuvor, in der wilden, übersteigerten Sprache des revolutionären frühen 7.Jh. vorgetragen gesehen (Abb. 5). Gegenüber dem Übermaß der Leiber, der Forcierung des Vortrags auf dem Riesengefäß in Eleusis wird auf dem Kessel im Louvre das gleiche mythische Drama in feinen und zierlichen Formen vorgetragen. Welch ein Unterschied zwischen dieser fein profilierten, scharf und geistvoll formulierten Darstellung und der ungebärdig-wilden des früheren Gefäßes!

Mit einer *Trinkschale des Xenokles-Malers*, die sich in Tarquinia, ihrem Fundort, befindet, erreichen wir einen Höhepunkt der attischen Vasenmalerei in *archaischer Zeit* (Abb. 13/14). Gerade weil dieser Maler nicht zu den größten seiner Zeit gehört, gerade weil er den hohen Durchschnitt repräsentiert, wird die Leistung und das Können dieser Epoche in seinem Werk deutlich. Im Innenbild der Schale ist der Kampf des Herakles mit Triton, umgeben von den Meerestöchtern, dargestellt. Die äußere Gestalt der Schale – geziert von einem Viergespann und zwei hockenden Sphingen – wirkt vor allem durch den Adel ihrer Form. Mit der gleichen unfehlbaren Sicherheit der Pinselführung ist die laufende Gestalt des Dionysos durch den Vasenmaler *Oltos* in das Innenrund einer *Schale* gesetzt (Abb. 15). Ein riesiges Trinkhorn in der Linken, den Mantel mit der Rechten raffend, das mit Efeu bekränzte, bärtige Haupt zurückgewandt, eilt der Gott vorüber, ein großartiges, einem Siegel vergleichbares Rundbild in der Mitte einer seinem Dienst geweihten Trinkschale. Demselben dionysischen Bereich gehören die Darstellungen an, die eine *Deckelamphora aus der Werkstatt des Töpfers Amasis* zieren (Abb. 16). Die gedrungene Form des Gefäßes und der Stil seiner Darstellung entstammen demselben Lebensgefühl. In schönem Einklang und Wechselbezug dienen sie dem Gott des Weines und seiner Gabe. Die Art, wie die kompakten Gestalten der kelternden Satyrn dem feinen Silhouettenstil des Malers angepaßt sind, verrät die Meisterschaft dieses Künstlers und des hochentwickelten *schwarzfigurigen Stils*.

Einer der letzten großen Vasenmaler, der sich der schwarzfigurigen Technik bediente, war *Exekias*. Seine Tätigkeit fällt etwa in das dritte Viertel des 6. Jh. Sosehr Exekias das Detail liebte, die Faltensäume, die reichen Streumuster und Zierate der Gewänder, so scharf er die Profile zeichnete, nicht nur der Gesichter, sondern aller Gegenstände und Gestalten, so sehr war er zugleich ein Maler großer Form und großer Figur. Nicht zufällig kennen wir von ihm außer zahlreichen Vasenbildern, großen und kleinen, zierlichen und großflächigen, auch Tafelbilder, Tonpinakes von recht stattlichem Format (43 × 37 cm), auf denen in einem hohen, ernsten Stil Totenklage, Trauerversammlung und Überführung des Verstorbenen auf den Friedhof geschildert werden. Eines der berühmtesten Vasenbilder des Exekias findet sich auf einer *Bauchamphora* im Vatikan (Abb. 22); es schildert Achill und Aias beim Brettspiel. Ob der große spätarchaische Vasenmaler diese berühmte Szene zum ersten Mal dargestellt oder doch entscheidend geprägt hat, wissen wir nicht. Sie wird seit der zweiten Hälfte des 6. Jh. oft auf Vasenbildern geschildert, vielleicht auch als plastische Gruppe wiedergegeben. Jedenfalls hat Exekias wohl der Situation wichtige neue Züge beigefügt. Vermag er doch seinem Vasenbild eine Stimmung der Abgeschlossenheit zu verleihen, die der inneren Situation der Helden ganz entspricht. Denn sie überhören ja – ins Spiel versunken – die Schlachtdrommete, müssen erst von Athena zum Kampf gerufen werden. Innerhalb ihrer Abgeschiedenheit, die eine Weltabgeschlossenheit verkörpert, sind die Figuren von einer dramatischen Spannung erfüllt, die Exekias als einen meisterhaften Schilderer seelischer Situationen bestätigt. Sein Rang als Maler, richtiger: als Zeichner, erweist sich in der unvergleichlich sicheren Strichführung, in der Liebe zum Detail, der scharfen Binnenritzung innerhalb der schwarzen Silhouetten. Mehr noch zeigt er sich in der Größe seines Figurenstils, den er dem alten Silhouettenstil abzugewinnen vermag. So wird von ihm in der altvorderischen Sprache der schwarzfigurigen Bilderschrift mit echtem Sinn für die äußersten Möglichkeiten dieses Figurenstils die Szene aufgebaut: eine Szene, die noch einmal allen Glanz und allen Zierat des schon überholten, so echt archaischen *schwarzfigurigen Stils* zur Wirkung bringt.

Exekias war Töpfer und Maler zugleich. Auf einer Londoner *Amphora* zeichnet er nur als Töpfer. Aber auch Darstellung und Ornament zeigen unverkennbar seine Handschrift. Im Bildfeld des zierlich-breiten Gefäßes (Abb. 23) ist zwischen fein gerollten Voluten der Kampf von Achill und Penthesilea dargestellt. Trotz des dramatischen Themas von Kampf, Liebe und Tod wirkt die Darstellung eigentümlich festgelegt, ja kapriziös gegenüber der intensiven, dichten Schilderung der in ihr Spiel vertieften Helden (Abb. 22). Die Spannweite, die zwischen der fast manierierten Kampfszene von Achill und Penthesilea einerseits, der dramatischen Schilderung der brettspielenden Helden andererseits besteht, spricht gewiß für die Weite des Schaffens des großen Meisters. Sie offenbart aber zugleich die Aufspaltung und die Differenzierung des zu Ende gehenden *archaischen* Zeitalters und der ihm aufs innigste zugehörenden künstlerischen Aussageform, des *schwarzfigurigen Stils*.

Um die gleiche Zeit, da Exekias seinen Spätstil auf der Londoner Amphora niederschrieb, zu Beginn der zwanziger Jahre des 6. Jh., setzte jene Umwandlung der Malweise ein, die in Athen erfunden und in revolutionärer Weise durchgeführt wurde. Wir meinen

den Übergang von der altererbten, schwarzfigurigen Malweise zum sog. *rotfigurigen Stil*, dem die Zukunft gehören sollte. Bei den Vasen des rotfigurigen Stils sind die Figuren aus dem schwarzen Grund ausgespart, die Innenzeichnung steht schwarzlinig auf dem Tongrund. In kürzester Frist, innerhalb des drittletzten Jahrzehnts des 6. Jh., wurde in den führenden Ateliers von Athen diese Umstellung vollzogen. Bis zum Ende des 6. Jh. war der neue Stil mit all seinen Vorteilen und Möglichkeiten in triumphaler Weise zum Sieg geführt. In Athen wurde die alte schwarzfigurige Malweise erfolgreich überwunden, so daß sie nur noch in zurückgebliebenen oder konventionell-gebundenen Werkstätten ausgeübt wurde. Für Athen gewannen jetzt die Vasenmaler des neuen rotfigurigen Stils weltweiten Ruhm. Ihre Erzeugnisse schlugen jegliche Konkurrenz aus dem Feld. Korinth und Sikyon, Sparta, die Inselschulen und der ionische Osten mit ihrer reichen Produktion, sie alle traten zurück, versiegten und verkümmerten gegenüber dem Siegeszug, den die *attische rotfigurige Keramik* mit der Wende des 6. zum 5. Jh. antrat. Dieser Siegeszug führte die Erzeugnisse attischer Werkstätten bis in die fernsten Länder der bewohnten Welt. Damals gewann Athen und seine Keramik eine Monopolstellung, die es durch zwei Jahrhunderte hin behalten sollte, bis dann im Verlauf des 4. Jh. diese Produktion zu erlöschen begann.
Die beiden *attischen Trinkschalen* (Abb. 17, 18) aus der Frühzeit des rotfigurigen Stils sind von einem Vasenmaler namens *Oltos* gemalt, der im letzten Viertel des 6. Jh. tätig war. Er gehört zu den Bahnbrechern des neuen Stils und hat ihn ebenso sicher wie kraftvoll vorgetragen. Beide Schalen – deren obere sich in Kopenhagen, die untere im Vatikan befindet – entstammen dem vorletzten Jahrzehnt des 6. Jh., dem reifen Stil des Meisters. Über zehn bis fünfzehn Jahre hin hat er damals schon diese neue Malweise erprobt, gelernt und gelehrt, um sie nun souverän zu beherrschen. Die Schale in Kopenhagen (Abb. 17) gibt dem Ornament weiten Raum. Die Schale der vatikanischen Sammlungen (Abb. 18) zeigt in strenger Profilansicht die klare, kräftige Gliederung ihres Aufbaus, der von einer scheibenförmigen Standplatte und dem straff emporgeführten Schaft des Fußes zu der wohlgerundeten, behäbigen Wölbung des Schalenkörpers führt. Dazu kommen die flach ausladenden, ein wenig den oberen Schalenrand übersteigenden Henkel. Sowohl der Vasenmaler als auch der Töpfer haben *signiert*. Solche doppelte Namensnennung auf einem Gefäß kommt gerade in der Zeit des frühen rotfigurigen Stils häufig vor.
Zwei der bedeutendsten attischen Vasenmaler waren *Euphronios* und *Euthymides*; sie haben dem rotfigurigen Stil zum Sieg und zu breiter Wirkung verholfen. Ein Schüler des Euthymides hat dann die Wandlung dieses neuen Stils von seiner archaischen zur frühklassischen Stufe entscheidend beeinflußt und vorangetrieben. Wir nennen ihn den *Kleophrades-Maler*, obwohl sein Name *Epiktet* inzwischen gesichert ist. Er war ein Mann von ungewöhnlicher Begabung und Kraft des Ausdrucks, von eigenwilligem Temperament, dazu von einer unerschöpflichen Produktivität. Obwohl er durchaus noch der archaischen Stufe der Vasenmalerei und ihrem späten Formenschatz verbunden ist, zeigen seine Gestalten höchst eindrucksvoll eine Größe des Formats, der Haltung und der Gebärden, die seine Kunst von den zierlichen, reich geschmückten, oft kleinmeister-

lichen Figuren seines Lehrers Euthymides deutlich abhebt. Sosehr der Kleophrades-Maler noch ein Bewahrer des festgerahmten Bildfeldes ist, so groß und frei stellt er seine Figuren in diese Rahmung hinein, die sie oft in kühnem Schwung überschneiden, wie es der Helm des jugendlichen Kriegers auf der Münchner *Deckelamphora* tut (Abb. 20). Auf späteren Werken finden sich dann Gestalten, die sich von dem Rahmenwerk befreien und in selbstherrlicher Vereinzelung die ganze Seite eines Gefäßes erfüllen, indem sie nur auf einer Standleiste stehen, von der sie über den Gefäßkörper hinaus, ja über

17 Attische Trinkschale des Vasenmalers Oltos. Um 520–510 v. Chr. Kopenhagen, Nationalmuseum Nr. 13407. Durchmesser: 30,5 cm. Unterhalb und seitlich der Henkel Palmetten in Ranken. Ihre Abfolge und Ordnung gleicht in der Verbindung von Maß und Freiheit einer musikalischen Komposition. Erst gegen die Mitte der Schale und ihres emporgewölbten, breiten Randstreifens hin entwickeln sich rotfigurige, figürliche Szenen: ein bärtiger Silen ist nach rechts im Bildfeld, ein Kentaur, nach links hin, bewegt.

18 Attische Trinkschale des Vasenmalers Oltos. Um 520 v. Chr. Rom, Vatikan. Vasensammlung Nr. 16516. Durchmesser: 31,8 cm. Die Schale gehört in die Übergangszeit vom schwarzfigurigen zum rotfigurigen Stil und vereinigt noch beide Techniken. Ihr Innenbild zeigt im schwarzfigurigen Stil einen dahineilenden Dionysos, ähnlich dem auf der Münchner Schale (Abb. 15). Die Außenseiten sind rotfigurig bemalt. Außer Oltos, dem Vasenmaler, hat auch der Töpfer mit seinem Namen, Kachrylion, signiert. Von den Seiten her entwickeln sich volle, fast fleischige Palmetten; sodann das große Augenpaar, das – Übel abwehrend – den größten Teil der Randzone einnimmt; in der Mitte die kleine, zierliche Gestalt eines Hopliten, der gebückt nach links schleicht und seinen Schild, mit einem Vogel als Schildzeichen, am Arm trägt. Die helle, tongrundige Fläche der kleinen Figur ist nur sparsam mit Binnenzeichnung belebt.

19/20 Deckelamphora des Kleophrades-Malers. Wende 6./5. Jh. v. Chr. München, Antikensammlungen Nr. 2305. Höhe mit Deckel: 76 cm; Höhe ohne Deckel: 65,3 cm. Gefäß mit besonders schöner, ausgeglichener Form. Über dem schweren, gestuften Standring entfaltet sich der eiförmige Körper, der nach oben hin ohne abgesetzte Schulter in den breiten, kräftigen Hals übergeht. Wie ein Gesims springt scharfkantig-horizontal der Kragenrand heraus, dessen schräggestellte Wandung mit einem Fries geschmückt ist, der berittene Jäger und ihr Wild in feinster schwarzfiguriger Silhouettenmalerei schildert. Ein kräftiger Knopf in Form eines Granatapfels krönt den flach gewölbten Deckel. Dargestellt ist ein Paidotribe (Sportlehrer) mit zwei Athleten (Abb. 19). Auf der anderen Seite Kriegers Abschied (Abb. 20). Der schweren Form der Amphora entsprechen die breit entwickelten Figuren, die behäbig geführten, gern wiederholten Säume der Gewänder, die groß geschnittenen, gleichsam holzgeschnitzten Profile. Aus diesem ausdrucksvollen Frühwerk des großen Künstlers klingt die gewichtige Sprache des Anfangs.

21 Innenbild einer weissgrundigen Schale des Brygos-Malers. Um 490 v. Chr. München, Antikensammlungen Nr. 2645. Höhe: 14,4 cm; Durchmesser: 28,5 cm. Meisterhaft ist die Einpassung einer wild bewegten Mänade in die Fläche und in das Kreisrund der Schale vollzogen. Der Schaft des von der Rechten geführten Thyrsos teilt in seiner Schrägstellung das Rund fast genau in zwei Hälften. Die spitzen Mantelzipfel und die dichtgereihten Striche des Chitons zwischen den Beinen stoßen die Figur gleichsam vom Rand ab, verstärken ihre Bewegung und bestimmen den Rhythmus der Komposition in der unteren Bildhälfte entscheidend. In der oberen Sphäre gibt das von der Schlange und dem Haar umzüngelte Haupt den bestimmenden Akzent. Die Kreisform ist durch die kunstvolle Ausbreitung der Figur und ihrer Bewegungen voll ausgenützt.

△ 17 ▽ 18

19

▷ 20

seine Schulter bis zum Hals des Gefäßes hin wachsen (Abb. 26). Die wuchtigen Leiber seiner Athleten, ihre breiten, oft schwerfälligen Gebärden unterscheiden sich – auch noch in der Frühzeit des 5. Jh. – von der knapperen, spröderen Sprache seiner attischen Zeitgenossen. So hat man mit gutem Grund für diesen Vasenmaler peloponnesische Herkunft vermutet. Die Tätigkeit des Kleophrades-Malers ist über mindestens drei Jahrzehnte hin, von 510–480 v. Chr., zu verfolgen; sie erstreckt sich auf fast alle Formen von Vasen, die die griechischen Werkstätten fertigten.

Die prachtvolle *Deckelamphora des Kleophrades-Malers* (Abb. 19/20), die noch der Frühzeit des großen Meisters, obschon der Wende zum 5. Jh. angehört, stellt auf der einen Seite das alte, oft geschilderte Thema „Kriegers Abschied" dar. Noch sind die Formen im einzelnen der spätarchaischen Kunst verpflichtet, wie die reichgefältelte Gewandung, die zierlich-gespreizte Haltung, mit der die Frau den Mantel rafft, die kapriziöse Entfaltung ihrer Finger. Doch sind die Figuren im ganzen, in Umriß und Haltung, in Aktion und Gebärde von einer neuen Wucht, einer neuen Kraft der Erscheinung erfüllt. Breit und fließend ist die Gebärde des Kriegers, der die Schale darbietet; breit und voll Hingabe ist die Handlung der Frau entfaltet, wie sie die Kanne zur Spende senkt, den Mantel vornehm-konventionell hebt, das langgezogene, schwere Profil in tiefer Beteiligung neigt. Selbst der Hund hat Teil an dem neuen Ernst der Stimmung, der neuen Fülle und Gewichtigkeit der Formen. Der lastende, gebundene Stand der Figuren, der schwere, fast klotzige Bau der Profile, die breiten, strömenden Bewegungen der Arme, des abwärts geschwungenen beim Jüngling, des langaufsteigenden bei dem Mädchen, offenbaren den neuen und eigenen Stil des Kleophrades-Malers, der ihn aus der spätarchaischen Zeit heraus, aber auch von seinen Zeitgenossen abhebt. Die andere Seite dieser Amphora (Abb. 19) zeigt die Gestalten zweier Athleten und ihres Sportlehrers, des Paidotriben, in einem breit und hoch entwickelten Bildfeld. Dem groß gesehenen, wenn auch ungelenk gegebenen Rückenakt des linken Jünglings entspricht das komplizierte Motiv des rechten, der sich wohl die Riemen für den Faustkampf anlegt. Mit sprechender Gebärde wendet sich der Lehrer zum linken Jüngling, der ihm den Rücken kehrt. Keine der Figuren überschneidet die andere, obwohl die Ellenbogen der beiden rechten Gestalten sich fast berühren. Wie einzelne Statuen stehen sie im Bildrahmen, Schauspielern gleich auf der Rampe des unteren Ornamentstreifens, ja des ganzen unteren Drittels des Gefäßkörpers. Von einem verhaltenen, schwerfälligen Pathos sind auch ihre Gesten und Bewegungen erfüllt. Isoliert und mit sich beschäftigt erscheint jede Figur. Und doch bindet ein breiter, gemeinsamer Rhythmus die drei Gestalten zu einer echten Gruppe, die der eigenwilligen Gestaltungskraft eines großen Künstlers ihr Dasein verdankt. – Wieder anders, schärfer geprägt und doch verwandt, ist eine etwas jüngere *Amphora des Kleophrades-Malers* mit der Darstellung von Achill und Briseis (Abb. 26). Sie gehört dem zweiten Jahrzehnt des Jahrhunderts, vermutlich schon der Zeit um 480 v. Chr. an. Es ist schwer zu sagen, wieweit das neue, hohe Pathos des *„Strengen Stils"* oder der gewichtige, von Ausdruck gesättigte, individuelle Stil dieses Meisters das Bild geprägt hat. Es verbindet sich wohl bei dem Kleophrades-Maler der Geist der Zeit mit der Zeit seiner Aktivität in besonderer Weise. Jedenfalls sprechen die Gestalten seines reifen,

22 BAUCHAMPHORA DES EXEKIAS (Ausschnitt). Fundort Vulci. Um 540–530 v. Chr. Rom, Vatikan. Vasensammlung Nr. 16757. Höhe: 67 cm. Das Gefäß ist aus großen Fragmenten zusammengesetzt, aber nicht wesentlich ergänzt. Exekias – einer der größten Meister der spätarchaischen Kunst – hat hier sowohl als Vasenmaler wie als Töpfer des Gefäßes signiert. Die in präziser Ritzzeichnung geschaffene Szene spielt im Feldlager vor Troja. Dargestellt sind Achill und Aias beim Brettspiel. Die beiden mit reichornamentierten Mänteln geschmückten Helden sitzen, ganz in das Spiel vertieft, weit vorgerückt in reiner Profilansicht auf ihren Hockern. Sie haben einen würfelförmigen Spieltisch zwischen sich. Die leidenschaftliche Beteiligung der beiden Helden am Spiel, ja der Stand des Spiels selbst mit Achill als Gewinner und Aias als Verlierer wird von Exekias in diesem reifen Werk des schwarzfigurigen Stils faszinierend geschildert.

23 AMPHORA DES EXEKIAS. Fundort Vulci. Um 525 v. Chr. London, British Museum Nr. B 210. Höhe: 41,3 cm. Die Vase ist aus großen Bruchstücken zusammengesetzt, ohne wesentliche Ergänzungen. Am Hals trägt sie ein doppeltes Palmetten-Lotosornament. Im unteren Drittel sind übereinander angeordnet: Strahlenkranz, Mäander und Fries von Blütenknospen. In einem strengen und spröden Stil ist die Kampfszene des Achill und der Penthesilea mit ihren scharfen Umrissen, dem Gegensatz von Schwarz und Weiß, mit der kunstvollen Zusammenfügung der Figuren über die Rundung des Gefäßkörpers ausgebreitet. Auf der anderen Seite des reifarchaischen Gefäßes ist Dionysos mit seinem Sohn Oinopion, der ihm als Mundschenk dient, dargestellt.

vielleicht schon späten Schaffens in erschütternder Weise von der Größe und dem Ernst einer Generation, die zwischen den Schlachten von Marathon und Salamis lebte und wirkte.

Eines der schönsten Bilder des herangereiften rotfigurigen Stils ist das Innenbild einer *Schale*, deren Fuß die Signatur des Töpfers *Sosias* trägt (Abb. 24). Bei der Szene von Achill und Patroklos ist neben der tiefen Beseeltheit des Geschehens und seiner ausgefeilten Wiedergabe vor allem die Komposition der Gruppe im Schalenrund zu bewundern. Eine derart kühne und überlegene Bildordnung findet sich selbst in der an Begabungen so reichen Zeit des endenden 6. Jh. nur selten. Der tiefmenschliche Klang, mit dem bitterer Schmerz und liebevolle Fürsorge zu Wort kommen, ist bei aller Unbeholfenheit doch schon ein Vorklang jener großen dramatischen Aussagen über menschliches Leid und liebevolles Sorgen, zu denen sich eine Generation später die Klassik des 5. Jh. anschicken sollte.

Im Atelier eines Töpfers namens *Brygos* war unter anderen Malern ein bedeutender Künstler tätig, dessen Stil und Handschrift sich auf mehr als 150 Gefäßen, vorwiegend

24 Sosias-Schale. Um 500 v. Chr. Berlin, Staatl. Museen Nr. F 2278. Durchmesser: 32 cm. Innenbild: die beiden Helden Achill und Patroklos. Sosehr sie in Wehr und Waffen erscheinen – beide im Schuppenpanzer, Achill mit dem mächtigen Helm auf dem Haupt, Patroklos auf dem Rundschild sitzend –, so menschlich, ja rührend ist der geschilderte Vorgang. Achill verbindet den am Oberarm verwundeten Freund. Während Achill mit gespannter Aufmerksamkeit seiner Tätigkeit hingegeben ist, wendet Patroklos, von Schmerz gepeinigt, den Kopf jäh zur Seite, die – weiß angegebenen – Zähne zusammenbeißend. Die linke Schulterklappe seines Panzers ist gelöst; sie steht steil empor. – Alle Möglichkeiten der neuen rotfigurigen Malweise sind frei und souverän verwendet. Die fast überreiche – und darin spätarchaische – Binnenzeichnung verleiht dem Bild etwas von einer Radierung.

25 Kalathos-Psykter des Brygos-Malers. Um 480 v. Chr. München Antikensammlungen Nr. 2416. Höhe: 53 cm. Dieses Gefäß in Gestalt eines Kalathos, eines geflochtenen Korbes, diente zur Kühlung des Weines. Vom Zweck her wird also seine hohe, eimerartige Form bestimmt, die von dem Vasenmaler in großartiger Weise genutzt ist. Auf der Wandung des Zylinders ist die Begegnung von Sappho und Alkaios dargestellt. Die beiden hochaufragenden Gestalten sind meisterhaft an der steilen Gefäßwand entwickelt. Dem schlanken Profil des Mannes antwortet die schmalrechteckige Gestalt der Frau. Erst bei näherem Zusehen offenbart sich die Drehung, die sie – im Schreiten innehaltend – vollzieht, so daß ihr Oberkörper in Vorderansicht, Kopf und Gesicht in kühner Schrägstellung erscheinen. Tiefe Stimmung und verhaltene Beseeltheit erfüllen die zuchtvolle Komposition.

26 Amphora des Kleophrades-Malers. Um 480 v. Chr. Riehen (Schweiz), Privatbesitz. Höhe: 44 cm. Die spitzovale Form des Gefäßes mit scharf umgebogener, aber nicht abgesetzter Schulter, steilen Henkeln am kurzen Hals ähnelt den sog. panathenäischen Preisamphoren. Für die Gegenüberstellung der beiden Gestalten – des hier abgebildeten Achill und seiner geliebten Briseis – wurden die einander abgewandten Seiten des Gefäßes verwendet. Der antike Betrachter wird die getrennten Gestalten durch Drehung des Gefäßes zu *einem* Akt verbunden haben. Beide Figuren gehören so in einen weiten, das Gefäß umspannenden, vom Inhalt bedingten, durch die Form verwirklichten tiefen Bezug. Freilich erscheint dieser Akt des Dramas noch ohne jeden tragischen Klang.

Schalen, nachweisen läßt. War der Kleophrades-Maler, Epiktet, eine ungebärdige, leidenschaftliche Natur, deren starkes Temperament durch eine ebenso starke Gestaltungskraft geformt und gefaßt wurde, so ist der *Brygos-Maler*, dessen Namen wir nicht kennen, ein „Klassiker“ der *frühen rotfigurigen Malerei*, ohne daß er durch das Maß und die Zucht seines Stils an Kraft des Ausdrucks verlöre. Als ein etwas jüngerer Zeitgenosse des Kleophrades-Malers ist er in den ersten beiden Jahrzehnten des 5. Jh. nachzuweisen. Eine *weißgrundige Schale* in München gibt eine gute Vorstellung von Kunst und Wesen des Brygos-Malers (Abb. 21). Das Thema ist ganz auf Ekstase und Leidenschaft angelegt. Eine rasende Mänade zieht im wildesten Wirbel der Bewegung an uns vorüber. Ihre Linke streckt ein junges Panthertier nach vorn aus; sein Hinterbein wird durch die Hand der Mänade fest umklammert. Ihre Rechte führt den Thyrsos, dessen Schaftende nach rechts hin wie zum Stoß gerichtet ist. Eine Schlange ist statt einer Binde um das Haar geschlungen, ihr Kopf ist weit über die Stirn der Mänade hinausgereckt, während ihr Schweif sich durch die Haarmasse nach hinten schlängelt, um ganz rechts in flacher Sichelform zu enden. Trotz aller, scheinbar barbarischen Wildheit und Leidenschaft ist die Mänade doch reich, fast konventionell gekleidet, darin den zierlichen *Koren* von der Akropolis gleichend (vgl. Abb. 56). Ein langer Chiton mit Knüpfärmeln, deren einer auf dem linken Arm erscheint, fällt zu den Füßen hinab, zwischen denen der vordere Saum des Gewandes in strenger Zickzackführung, der hintere in zierlicher Festonierung erscheint. Ein kurzer Mantel ist – gleich einer Mantille – auf der rechten Schulter geknüpft und schräg zur linken Flanke geführt. Zwei Zipfel flattern im Zuge der Bewegung streng stilisiert nach hinten. Die Mänade trägt ein Pantherfell, das, vor dem Hals geknotet, im Rücken herabhängt. Zwei Pranken liegen vor der Brust, zwei weitere hängen seitlich herab. Die Quaste des Schwanzes erscheint links unten hinter dem zurückwehenden Gewand. Prachtvoll ist die rasende Bewegung in das Schalenrund komponiert. Diese Schale dürfte in der Blütezeit des Brygos-Malers, um 490 v. Chr., entstanden sein.

27 WEISSGRUNDIGE LEKYTHOS DES THANATOS-MALERS. Um 440 v. Chr. London, British Museum Nr. D 58. Höhe: 48,9 cm. In der Mitte des Bildes eine Stele, die, mit roten Bändern verziert, im oberen Bildfeld die Zeichnung eines Helmes trägt. Links Thanatos, rechts Hypnos, einen jugendlichen gefallenen Krieger tragend. Sein Gesicht ist in Dreiviertelansicht gegeben. Hochklassische Abgeklärtheit von Inhalt und Form.

28 WEISSGRUNDIGE LEKYTHOS DES PHIALE-MALERS. Fundort Oropos, nordöstlich von Athen. Um 440 v. Chr. München, Antikensammlungen Nr. 2797. Höhe: 36 cm. Auf dem für den Totenkult bestimmten Gefäß des hochklassischen Stils ist in freier, zügiger Zeichnung Hermes, auf einem Felsblock sitzend, als Seelengeleiter dargestellt. Vor ihm eine junge Frau, die er in den Hades geleiten wird.

29 WEISSGRUNDIGE LEKYTHOS DES ACHILLEUS-MALERS. Um 440 v. Chr. München, Antikensammlungen, Slg. H. von Schoen Nr. 80. Höhe: 36,7 cm. Der sitzenden Muse gegenüber ist auf der abgewandten Seite des Gefäßes eine stehende Frau dargestellt, gewiß ebenfalls eine Muse. Die tiefe Einsamkeit und Entrücktheit des Kithärons stellt auf diesem Gefäß des Grabkultes eine stille Parallele zu einem elysischen Jenseits dar. Ein Werk der hochklassischen Reife der weißgrundigen Malerei.

ΚΑΛΟΣ
ΗΑΙΚΟΝ

Ein weiteres Gefäß ist diesem so bedeutenden und produktiven Künstler zu verdanken, das schon durch seine Form auffällt. Es ist ein *Kalathos-Psykter* (Abb. 25). Das Vasenbild stellt Sappho mit Alkaios dar, beide von Lemnos stammend und am Ende des 7. Jh. wirkend und beide – zumindest nach der Legende – miteinander verbunden durch die Liebesleidenschaft des Alkaios und die gemessen-strenge Antwort der Dichterin: „Wenn es Verlangen nach Gutem und Schönem wäre, so würde Scham deine Augen nicht ergriffen, deine Zunge nicht gezittert haben, Böses zu sagen; du würdest von etwas Rechtem reden.“ So wie der Sänger, in den Vortrag seines Liedes und in Liebe versunken, und die Frau in ihrer pfeilerhaften, leicht schräggelehnten, sich wendenden Haltung vor uns stehen, glaubt man ihrem zum Mythos gewordenen Dialog zu lauschen. Zum ersten Mal begegnen wir der Schilderung einer von seelischer Spannung, von seelischem Geschehen erfüllten Szene, wie es sie vorher nicht in der griechischen und nicht in der Kunst des Orients gegeben hatte.

Von dieser Zeit an, vom Ende des ersten Jahrhundertviertels, begegnen wir durch das 5. Jh. hindurch immer wieder Darstellungen, die in einer tief bewegenden Weise seelische Stimmung und Verfassung zu schildern vermögen. Das gilt naturgemäß besonders für

30 Kelchkrater des Malers Polygnotos. Fundort Spina. Um 420 v. Chr. Ferrara, Museo Nazionale di Spina Nr. T. 300. Höhe: 54,8 cm; Durchmesser der Öffnung: 53 cm. Der schöne Krater ist fast quadratisch in seinem Verhältnis von Höhe und Breite, kraftvoll und stämmig proportioniert. Der breite Fuß, die tief sitzenden Henkel sind schwerfällig gebildet. Dazu steht die vielfigurige Szene des Kampfes der Götter mit den Giganten in der leichten, beweglichen, vielfach gewinkelten Darstellung ihrer Figuren in einem gewissen Gegensatz. Effektvoller, reicher Spätstil.

31/32 Strickhenkelamphora, Art des Meidias. Um 410 v. Chr. Arezzo, Museo Civico Nr. 1460. Höhe: 54 cm. Das Gefäß ist knapp, ja streng geformt. Über dem schweren, getreppten Fuß liegt eine enge, profilierte Standscheibe, von der die steilgeführte Wandung des Gefäßkörpers aufsteigt. Die Schulter ist scharf abgesetzt, fast horizontal gelagert. Das Paar der sog. Strickhenkel ist steif zum Hals hin gebogen. Der Kragenrand ist reich gegliedert; seine scharfe Profilierung ahmt Metallformen nach. Pelops fährt mit dem Viergespann, das Poseidon ihm einst zum Geschenk gemacht hatte, über das Meer, wie ein Delphin rechts vor den Pferden andeutet. Über dem Zweig des Bäumchens, das hinter den Pferden erscheint, sind Taube und Täuberich in Paarung wiedergegeben. Pelops scheint sich während der rasenden Fahrt nach Verfolgern umzusehen, während Hippodameia in hoheitsvoller Haltung voraus in die Ferne schaut. Schmuckfreudiger, bewegter Spätstil.

33 Fragment eines Volutenkraters. Fundort Spina. Ende 5. Jh. v. Chr. Ferrara, Museo Nazionale di Spina Nr. T. 404. Gesamtmaße der erhaltenen Fragmente: Höhe: 33 cm; Breite: 22 cm. Von dem stattlichen Krater sind mehrere Fragmente erhalten mit den Resten einer großfigurigen Darstellung. Eine links sitzende, königliche Gestalt stellt vermutlich Pelias, den König von Iolkos, dar; die weibliche Gestalt, die rechts vor ihm steht und mit ausgestreckten Armen einen Jüngling bekränzt, ist wohl Athena. Der Jüngling ist durch Namensbeischrift als Polydeukes bezeichnet, der im Faustkampf den bithynischen König Amykos besiegte. Der breite, kraftvolle Stil, in dem die Figur angelegt ist, die bewegliche, kurvenreiche Zeichnung des Profils, der weite, offene Blick des Auges lassen das Fragment wie den Rest eines Gemäldes großen Formats erscheinen. Der reifen klassischen Tradition verpflichteter Spätstil.

◁ 31 △ 32 ▷ 33

ΠΟΛΥΔΕΥ

Bilder und Gefäße, die dem *Totenkult* dienten. Und so entwickelt sich gerade für diesen Zweck eine Vasenform und Vasenmalerei, die eine erlesene und besondere Blüte der attischen Töpferkunst darstellt, die Form der sog. *weißgrundigen Lekythen.* Das althergebrachte Ölfläschchen mit schlankem Leib und hohem Hals, die *Lekythos,* dazu bestimmt, Öl für den Totenkult zu enthalten, wurde jetzt zu immer stattlicherer Größe entwickelt. Sie wurde vor allem in einer ganz besonderen Weise bemalt, indem auf einen weißlich-gelben, kreidigen Überzug Darstellungen in vielerlei Farben von pastellartigem Charakter aufgetragen wurden. Doch wurden nicht nur *Grablekythen,* sondern auch andere festliche Gefäße in dieser feinen und reichen Malweise geschmückt.
In eine verhaltene, tiefe Stimmung ist die Muse versunken, die der *Achilleus-Maler* auf einer *weißgrundigen Lekythos* malte (Abb. 29). Dem Rostbraun des Mantels antwortet hier das duftige Gelb des Chitons. Unter dem nur skizzierten Sitz der Leierspielerin steht „Helikon" geschrieben. So ist sie also eine der Bewohnerinnen des Musenberges, die den Klängen des eigenen Gesanges nachlauscht, Verkünderin eines himmlisch-musischen Daseins, das einem elysischen Jenseits entspricht und den Hinterbliebenen Trost, den Verstorbenen Hoffnung bedeutet. Mit dieser verinnerlichten Szene auf dem Berg der Musen haben wir die Zeit der vollen Reife dieser weißgrundigen Malerei erreicht, die *Parthenonzeit* (um 440 v. Chr.). Von diesem *Höhepunkt der Klassik* bis zum Ende des Jahrhunderts erlebt die attische Kunst – und gerade die Lekythen-Malerei – eine Entwicklung, die zu immer reicheren, sich mehr und mehr verfeinernden Formen führt. Mehr noch als auf den Grabreliefs, die in Attika erst nach der Parthenonzeit wieder in Erscheinung treten und an feste Typen gebunden sind, kommt auf den weißgrundigen Lekythen die Welt des Todes und seiner Riten, ja die Welt des Jenseits und seiner Sphäre in einer wahrhaft sublimen Sprache zu Wort. Wirkliche und visionäre Erscheinungen, Tag und Traum, Dasein und Dortsein werden fast mühelos in Gestalten verkörpert, die sich am Grabe als einer Stätte der Grenze begegnen und zusammenfinden. Die alten, grausamen, raubenden Dämonen, Sphingen und Keren sind vergessen; oder sie werden – die Sphingen etwa gleich den Sirenen, den Musen des Jenseits – in schöne, liebliche Gestalten gewandelt.
Auf einer *weißgrundigen Lekythos* des *Thanatos-Malers,* die ebenfalls der Zeit um 440 angehört, sind Schlaf und Tod, Hypnos und Thanatos in stiller Geschäftigkeit dargestellt (Abb. 27). Ihre Fürsorge gilt einem jungen Krieger, der, noch mit dem Panzer bekleidet und also gerade erst vom Schlachtfeld herbeigetragen, sanft an seinem Grabe niedergelegt wird. Dieses Grab erscheint in seiner vollen Gestalt, so wie es von jetzt an Zeugnis ablegen soll von dem heldenhaften Tod seines Schläfers. Auf hoher Stufe steigt die breite Stele empor. In ihrem oberen Drittel ist durch einen querlaufenden Ornamentstreifen ein oberstes Feld angegrenzt, in dem ein großer, korinthischer Helm in feiner Umrißzeichnung erscheint. Gleich, als ob der im Kampf verlorene Helm des jugendlichen Kriegers, dessen Haupt mit reicher Lockenfülle an der Brust des Hypnos ruht, in verklärter Form für alle Zeiten an seinem Grabmal verewigt sei.
Zur gleichen Zeit und im gleichen Geist ist eine Darstellung des *Phiale-Malers* geschaffen, die Hermes, den Geleiter der Seelen, auf einem Felsblock sitzend, zeigt (Abb. 28).

Seine linke, gesenkte, dem Knie aufgelegte Hand hält das Kerykeion, den Hermesstab. Die Rechte aber ist angehoben; der Unterarm schwebt über dem hochgestellten rechten Bein; die Hand ist in sprechender Gebärde weisend ausgestreckt, denn vor Hermes steht eine junge Frau, die sich ein Diadem ins Haar drückt. Sie rüstet sich für den Gang zum Hades, bei dem Hermes als stiller Führer sie begleiten wird. Die Gestalt des sitzenden Gottes ist in reinem Profil, aber in reicher Stufung der Glieder, in einer schönen, fließenden Sprache der Umrisse gegeben. Die zarten Pastelltöne der Farben sind durch Verwitterung fast ganz geschwunden; geblieben ist nur das feine Gerüst der rötlichen Linien, die den Körper des Sitzenden umreißen und aufbauen. Da außer Bart und Haaren auch der Oberteil der Kappe rötlich-schwarz bemalt ist, bedeutet das wohl, daß es sich um eine Fellkappe handelt. Der Felsen ist durch kräftige, schwarze Linien angegeben, die sich von anderen, rötlichen, deutlich unterscheiden, die ein auf ihm ausgebreitetes Gewand darstellen. Von diesem sind zwei nebeneinander herabhängende breite Zipfel zu erkennen, deren Enden durch Kreuzchen markiert sind. Es wird sich also um ein weiteres Kleidungsstück, einen großen Mantel handeln. Außer den beiden Figuren, der Frau, die sich zum letzten Gang rüstet, und dem Gott, der gelassen wartet, Zuspruch, Weisung gebend, erscheint hinter der Frau noch ihr Grabmal, über Stufen aufragend. Man hat mit Recht darauf hingewiesen, daß in dieser Szene, diesem Beisammensein der Figuren und Dinge, so gar nicht eine Einheit des Ortes oder der Zeit vorherrscht. Der auf dem Felsen sitzende Gott ist doch wohl am Ufer des Acheron zu denken; die sich schmückende Frau im Hause; das Grab auf dem Friedhof vor den Toren der Stadt. Eine höhere, imaginäre Einheit der Handlung aber bindet alles zusammen: Der Gott spricht ruhig und eindringlich auf die Frau ein, die sich den Schmuck ins Haar drückt, wie einst im schönen Leben, und die doch dem Grab entgegengeht. Wie hier scheinbar Unvereinbares zu höherer Vereinigung zusammenfindet, darin offenbart sich die Leistung jener kurzen Spanne Zeit, die wir als *hohe Klassik* bezeichnen und dem dritten Viertel des 5. Jh. zuschreiben.

Im vorletzten Jahrzehnt des Jahrhunderts ist die Ordnung der Linien und Umrisse, die klare Stellung der Figuren im Raum schon gefährdet. Doch wird diese Entzauberung, dieser Verlust an Verklärung und Erhöhung des Daseins – sei es im Leben oder im Tode – gegen Ende des Jahrhunderts oft übertönt durch einen rauschenden *Spätstil,* eine Steigerung der Formen und des Ausdrucks, die sehr im Widerspruch zu der schrecklichen Zeit des endenden Peloponnesischen Krieges stehen. Freilich fanden sich damals gerade für diese Übersteigerung, diese Abwendung von aller Not der Gegenwart, hohe künstlerische Begabungen, die die Sprache jenes virtuosen *reichen Stils* zu schaffen vermochten. Zu ihnen gehört etwa der Maler jener glanzvollen Darstellung einer Hochzeitsfahrt, die sich auf einer sog. *Strickhenkelamphora* in Arezzo (Abb. 31/32) befindet. Das Hauptbild ist ganz von dem dahinrasenden Viergespann und den beiden Figuren auf dem Wagen erfüllt (Abb. 32). Ihre Namen sind beigeschrieben: Pelops und Hippodameia. Der jugendliche Held hängt, weit zurückgelehnt, an den Zügeln, während die geraubte Braut in statuarischer Größe aufrecht steht, mit der erhobenen Rechten wohl Erstaunen oder Erschrecken bekundend. Überreich sind die Gewänder mit Stickereimustern geziert, ist der Wagenkorb mit Palmetten und Rosetten geschmückt. Pelops trägt einen Kranz von Lorbeer- oder Olivenzweigen. Mit der Wendung seines Kopfes – zu den Verfolgern hin – flattert das Haar heftig zurück, so wie der Mantel sich von der weit zurückhängenden Gestalt noch weiter in den Raum hinauswirft. Mit hoher Meisterschaft sind diese stürmischen Bewegungen geschildert. In der Zeit um 410 v. Chr. hat ein Künstler, der dem großen Vasenmaler *Meidias* nahestand, diese prachtvolle Szene geschaffen.

Zur gleichen Zeit entstand ein *Kelchkrater*, auf dem der Maler *Polygnotos*, Namensvetter des berühmten Bildmalers, der um die Mitte des Jahrhunderts wirkte, den Kampf der Götter und Giganten darstellte (Abb. 30). Das alte, gewaltige Thema hatte die griechische Kunst – die dichtende wie die bildende – seit Jahrhunderten beschäftigt. *Phidias* hatte es, kurze Zeit zuvor, auf den Ostmetopen des Parthenons in Relief, im Innern des Schildes der Athena Parthenos in Malerei dargestellt. Gerade diese letzte Schildkomposition, ein Gemälde in einem Rund von etwa 4 m Durchmesser, das mit der Aufstellung der Parthenos im Jahr 438 vollendet gewesen sein muß, hat auf die Darstellung dieses Themas bis zum Ende des Jahrhunderts eingewirkt.

Ein prachtvoller *Volutenkrater* in Tarent mit dionysischen Szenen (Abb. 34–36) führt uns nicht nur an das Ende des Jahrhunderts, sondern auch aus Griechenland, aus Athen, der unerschöpflichen Quelle rotfiguriger Vasenmalerei, heraus. Er gehört zu jener Vasengattung, die man mit Recht *„italiotisch"* nennt. Denn diese Gefäße sind Arbeiten, die von griechischen Kolonisten in *Unteritalien* – im sog. *„Großgriechenland"* gefertigt worden sind, sei es, daß ein griechischer Vasenmaler dort eine Werkstatt führte; sei es, daß ein Ansässiger eine Werkstatt gegründet hatte, um nach attischer Manier zu malen. Unser tarentinischer Vasenmaler, der die Mittel des *reichen Spätstils* virtuos beherrscht, kann es jedenfalls durchaus mit athenischen Ateliers des endenden 5. Jh. aufnehmen. Technisch zukunftsreich war die hier feststellbare Wiedergabe bestimmter Einzelheiten wie Halsbänder, Anhänger, Gürtel und Schuhe durch verdünnten *Ton*, dessen Auftragung eine zarte, plastische Modellierung des Vasenbildes bewirkt.

Von der Scherbe eines großen *Volutenkraters aus Spina* stammt die Darstellung eines Jünglings (Abb. 33), der – sich neigend – einen Olivenkranz von einer weiblichen Figur empfängt, die auf einer anschließenden Scherbe teilweise erhalten ist. – Dieser Stil steht in der Tradition der großen Vasenmaler der reifen und späten Klassik, in der Nachfolge der Schule etwa des erwähnten Vasenmalers *Polygnotos*. Die feine, fließende Bewegung der rechten Hand der Frau, die den Kranz auf das Haupt des Jünglings setzt, mit den Fingern der Linken ihn locker auf seinen Hinterkopf drückend, gleicht den Gebärden auf attischen Grabreliefs des späten 5. Jh. Die lockere Öffnung des atmenden Mundes, der große, beseelte Blick des Auges bei dem Jüngling künden von den neuen Möglichkeiten der Schilderung seelischer Situationen und Stimmungen, wie sie die große Malerei jener Zeit darzustellen unternahm. Ein schöner, vollständig erhaltener *Volutenkrater aus Bronze* (Abb. 37) mag schließlich als Beispiel gelten, wie es unzähligen Töpfern als Vorbild ihrer keramischen Erzeugnisse diente. Der eherne Krater stammt aus Unteritalien. Er wurde ursprünglich wohl beim Symposion benutzt, um dann seinem Besitzer, gewiß einem großen Herrn, ins Grab zu folgen. Das prachtvolle Gefäß ist zu Beginn des 5. Jh. ent-

standen. Ein Vergleich zwischen ihm und seinen keramischen Brüdern macht deutlich, mit welcher Meisterschaft die attischen Töpfer metallene Vorbilder nachahmten und zugleich den Vorteil der Bemalung nutzten, den ihnen die Tongefäße boten.
Noch im 4. Jh. hat es zahlreiche Werkstätten gegeben, die den *rotfigurigen Stil* pflegten, immer weiter verbreiteten und entwickelten. Sie befanden sich entweder in Athen oder – vor allem seit der zweiten Hälfte des Jahrhunderts – in den zahlreichen griechischen Städten Unteritaliens und Siziliens. Gerade hier fand, wie auch im nördlichen Italien, ja im ganzen westlichen Mittelmeerraum, die griechische Keramik breiten Absatz, wobei die auf uns gekommenen Gefäße fast alle aus Gräbern stammen und wohl ursprünglich schon für den *Totenkult* gefertigt waren. Noch fanden sich auch im späteren 4. Jh. bedeutende Maler im Bereich der Töpferkunst, Meister des Pinsels wie der reichen Komposition, eines festlich-rauschenden *Spätstils*. Immer mehr aber überstiegen die Anforderungen der Zeit die Möglichkeiten dieser Kunstgattung, immer mehr führten die großen Leistungen auf dem Gebiet der *Tafelmalerei* zu einem Absinken und Erlöschen der Vasenmalerei. Mit dem Ende des 4. Jh. v. Chr. ist diese traditionsreiche Kunst sowohl an der Stätte ihrer Entstehung, in Athen, wie an den vielen Orten ihrer Verbreitung in Unteritalien und Sizilien versiegt und verstummt.

34–36 VOLUTENKRATER. Ende 5. Jh. Tarent, Museo Nazionale Nr. 4358. Höhe: 72 cm. Eines der bedeutendsten Erzeugnisse der unteritalisch-apulischen Vasenmalerei, die sich in engem Anschluß an die immer noch führende Vasenkunst Athens entwickelt hatte. Die Hauptseite zeigt Dionysos, auf einem Felsen thronend. Er hält in der Rechten ein Szepter, das in fünf Dolden endet, die hinter seinem Kopf aufsteigen. Eine breite Kopfbinde schmückt den jugendlichen, unbärtigen Gott, sie ist mit einem Palmetten-Lotosmuster geschmückt. Die hohen Schnürstiefel mit langen, zurückfallenden Laschen sind sorgfältig angegeben. Mit dem kapriziösen Stil, der – zum Beispiel bei den Gewändern – zur Manier werden kann, verbindet sich gleichzeitig eine höchst reale, ja drastische Art der Schilderung. So etwa bei der Mänade, die mit prall geblähten Backen die Doppelflöte spielt (Abb. 34). Sie trägt ein haubenartiges Kopftuch, eine Halskette mit vielerlei Anhängern, lange Ohrringe und an jedem Unterarm ein goldenes Armband in Form einer gewundenen Schlange. Während die Gestalt des Dionysos in der gelassenen Form seines Sitzens und Schauens noch in der Tradition der hohen Klassik steht, zeigen die anderen Figuren, die beiden Mänaden mit dem Thyrsosstab links, Artemis, die eine Fackel über Dionysos hält, und ein angelehnter Satyr rechts die manierierte Steigerung, aber auch die Eleganz des endenden 5. Jh., dessen Stil der italiotische Künstler vorzüglich beherrschte.

37 VOLUTENKRATER AUS BRONZE. Anfang 5. Jh. v. Chr. München, Antikensammlungen. Höhe: 64 cm. Das wohlerhaltene Mischgefäß ist ein prachtvolles Beispiel antiker toreutischer Kunst. Es dürfte in einer Werkstatt Etruriens gefertigt sein, in enger Anlehnung an ionische Vorbilder. Der Gefäßkörper und der ausladende Fuß sind getrieben, Fuß und Schulter mit einem gepunzten Blattstab geschmückt. Gegossen ist dagegen der Schmuck des Mündungsrandes und der reich entwickelten Henkel; ihre steil emporgezogenen Voluten ruhen auf Attachen in Form breit am Gefäßleib haftender Gorgonen mit Schuppengewändern und Schlangenbeinen. Die straffe Führung der Gefäßwandung wirkt wie ein Vorklang klassischer, die Darstellung der Gorgonen wie ein Nachklang archaischer Kunst.

◁ 35 △ 36 ▷ 37

Die Geburt der *monumentalen griechischen Plastik* ereignet sich um die Mitte des 7. Jh. v. Chr. Ein solches Datum läßt sich nicht in absoluten Zahlen angeben oder mit literarisch-historischen Quellen stützen; jedoch die Forschung der letzten 100 Jahre, die sich in steigendem Maße gerade auch der archaischen Kunst und Plastik der Griechen zugewendet hat, ist übereinstimmend zu dem Ergebnis gekommen, daß im Verlauf des zweiten Viertels des 7. Jh. die ersten Bemühungen, eine monumentale Plastik zu schaffen, nachgewiesen werden können. Sie führten um die Mitte des Jahrhunderts zur Fertigung großer Figuren aus Stein und zur Gewinnung eines hocharchaischen plastischen Stils für solche Figuren oder Gestalten in Relief.

So deutlich sich also „um die Mitte" des 7. Jh. große, ja monumentale Steinfiguren nachweisen lassen, so überraschend, so überwältigend ist auch heute noch dieses erste Auftreten riesiger Gestalten; läßt sich doch weder in technischer noch in geistig-künstlerischer Hinsicht eine langsame Hinführung zu diesen frühen Leistungen erkennen und fehlt es gänzlich an Vorstufen, die etwa mehr oder weniger gelungene Versuche bildhauerischer Tätigkeit im großen Format darstellen. Auch fehlt es an Versuchen, die eine Herleitung technischer Fertigkeiten wie künstlerischer Vorstellungen aus der Welt des Alten Orients, der Welt vor allem der ägyptischen Großplastik, bezeugten. So deutlich sich nämlich die ersten großen Mannsbilder, die sog. *Kouroi,* an östliche, vor allem an *ägyptische Typen* des stehenden Mannes anlehnen mögen, so deutlich sind sie von vornherein in entscheidenden Punkten neue, unabhängige, durchaus griechische Schöpfungen. Wenn es also an einer sichtbaren Entwicklung, die zur Schaffung jener monumentalen Gestaltung hinführte, durchaus fehlt, so können wir doch in den Jahrhunderten des *geometrischen Zeitalters,* in jenem Zeitraum von 400 Jahren, der sich von der *Mitte des 11. bis zur Mitte des 7. Jh.* hin erstreckt, eine konsequente Entwicklung künstlerischer Gesetze verfolgen, die als eine „vorgeburtliche" Entfaltung dessen angesehen werden kann, was mit dem 7. Jh. so plötzlich und so überwältigend als Plastik großen Formats in Erscheinung tritt. Die langsame Erarbeitung und Entfaltung solcher künstlerischen Gesetze ließ sich in erster Linie an der *geometrischen Keramik* jener Jahrhunderte verfolgen. Wir können sie aber auch in der späteren Zeit, im 9. und 8. Jh., an Erzeugnissen beobachten, die trotz ihrer geringen Größe eine außerordentliche plastische Gestaltungskraft verraten. Diese Gestaltungskraft, noch gefangen in den Formeln geometrischen Denkens und Bildens, gebunden an die bescheidenen Dimensionen einer „Kleinkunst", konnte im Augenblick der Befreiung von diesen festgelegten Formeln gleichsam über Nacht den Schritt zur monumentalen Kunst vollziehen. So gesehen, bedeutet die lange und langsame, strenge und konsequente Erziehung im Geiste geometrischer Kunstübung eine Vorbereitungszeit, die das überraschende Auftreten einer *monumentalen Plastik* um die Mitte des 7. Jh. ermöglichte.

Unter den vielen Erzeugnissen *geometrischer Kleinplastik* aus Erz und Ton, die durch Ausgrabungen in Heiligtümern oder Funde in Gräbern bekannt sind, nimmt die Darstellung von *Tieren* einen großen Raum ein. Konnte man doch die kleine Nachbildung eines Rindes oder Widders als dauerhaftere Form eines *Weihgeschenkes*, als das lebendige Opfertier sie darstellte, der Gottheit überbringen. Die vielfachen Weihungen von Pferden haben noch eine tiefere, kultische Bedeutung, die sich in Verbindung mit Poseidon sowohl wie Athena unmittelbar nachweisen, aber auch sonst vermuten läßt. Gerade *Pferde* spielen in der Menge dieser Weihgeschenke eine große Rolle, ihrer inhaltlichen Bedeutung wie auch ihrer künstlerischen Gestaltung nach. So stellt etwa das kleine *geometrische Bronzepferd* in Berlin, das wahrscheinlich aus Olympia stammt, trotz seiner geringen Höhe von nur 16 cm ein echtes Kunstwerk dar (Abb. 38). Das fast abstrakte Linienspiel seiner Konturen, der heftige Wechsel zwischen flächigen Partien, wie Hals und Unterschenkel, mit plastisch gewölbten – den Oberschenkeln und dem röhrenförmigen Kopf –, die scharfe Setzung von Akzenten durch die spitz herausspringenden, dornartigen Ecken an den Knien der Vorder- und den Gelenken der Hinterbeine machen das kleine Werk zu einem höchst charakteristischen Kunstwerk von hoher Ausdruckskraft. In der letzten Phase des geometrischen Zeitalters, der zweiten Hälfte des 8. Jh., entstanden, gibt es in eindrucksvoller Weise Kunde von den Möglichkeiten plastischer Bildungen, die dieses Zeitalter schon zu leisten vermochte. Weit über seinen kleinen Maßstab hinaus ist dieses Bronzepferdchen eine Verkörperung künstlerischer Gesetze, die – in den vorhergehenden Jahrhunderten des geometrischen Stils entwickelt – nach seiner Auflösung und einer Übergangszeit ins frühe 7. Jh. zur Schaffung eines wahrhaft monumentalen Stils führen sollte.

Wenn das geometrische Pferd bald nach der Mitte des 8. Jh. entstand, so befinden wir uns mit dem *bronzenen Greifenkopf aus Olympia* in der Zeit der Geburt der monumentalen griechischen Plastik (Abb. 39), in der Mitte des 7. Jh. Jede Linie, jeder Kontur, jede Wölbung dieses großartigen Werkes legt ein lebendiges Zeugnis ab von dem hohen Geist und Können dieser Zeit. Aber auch dieses eminent plastische Werk ist keine einzelne, eigenständige Plastik. Vielmehr gehörte es mit weiteren Köpfen seiner Art zum Schmuck eines großen *Bronzekessels*, von dessen Wandung Greifenköpfe mit hochgereckten Hälsen hervorragten. Sechs solcher Köpfe werden es gewesen sein, die von dem oberen, eingewölbten Rand des Bronzebeckens aufstiegen. Wie sehr hier das Kunstgewerbe der Bronzegießer ein Kunstwerk von höchstem Rang zu schaffen vermochte, zeigt besonders die Profilansicht. Wenn schon diese einzelne erhaltene Darstellung eines Greifen von so elementarer Wirkung ist, wenn von ihm allein schon eine so starke dämonische Kraft ausgeht, wie sehr muß erst in jener Frühzeit des Bildens und des Glaubens ein Kranz von mehreren solcher magischen Tierköpfe auf den frommen Betrachter gewirkt haben. Der Greifenkopf aus Olympia ist zu einer Zeit entstanden, als in Griechenland an einigen Orten bedeutende Kunstschulen aufblühten, die sich anschickten, monumentale Plastiken herzustellen.

Die *Bronzestatuette eines Widderträgers*, die sich ebenfalls in Berlin befindet, ist schließlich eine Schöpfung von freier, eigenständiger Plastik (Abb. 40/41). Ohne Bindung an einen praktischen oder kunstgewerblichen Zweck steht die Figur in der ganzen prallen Plastizität vor uns, die ihr ein *kretischer Erzgießer* verliehen hat. Die Gewißheit, daß sie aus Kreta stamme, wird durch den spezifischen Stil der Statuette bestätigt. Es ist die *dorische Komponente* der griechischen Kunst, insbesondere der griechischen Plastik, die sich in den kompakten Formen, den gedrungenen Proportionen, dem kraftvollen Zusammenschluß von Mann und Tier bekundet. Die muskelstarke, athletische Gestalt des Mannes mit dem schweren, vierschrötigen Kopf, der von der Last des Tieres nach vorn gedrückt wird, ist mit allem Nachdruck in der angespannten Tätigkeit, das Opfertier zum Heiligtum zu tragen, wiedergegeben. Wieviel gelassener und freier, wieviel souveräner ist dasselbe Thema ein Dreivierteljahrhundert später von einem attischen Künstler behandelt und gelöst worden, der den berühmten *Kalbträger* als Weihgeschenk für die Akropolis von Athen fertigte (Abb. 44). Andererseits ist bei der Figur aus Kreta der elementare Durchbruch zu einer vollplastischen Schöpfung, wenn auch kleinen Formats, ist die vitale Kraft ihrer Bildung im ganzen wie in den Einzelheiten nicht genug zu bewundern. So klein die Figur des Mannes mit seinem Opfertier den äußeren Maßen nach ist, so groß ist die plastische Kraft, die sie gestaltete und ihr eine innere Monumentalität verlieh, die der monumentalen Gesinnung dieses Jahrhunderts kraftvollen Ausdruck gibt. Dieser Schritt, der Entschluß, das Menschenbild in einem monumentalen, überlebensgroßen Format zu geben, ist mit den *steinernen Kolossen* gemacht, die seit der zweiten Hälfte des 7. Jh. an den verschiedensten Orten der griechischen Welt und in großer Zahl geschaffen wurden. Eines der am besten erhaltenen Beispiele dieser Jünglingsfiguren ist ein *Kouros*, der sich im Metropolitan Museum in New York befindet (Abb. 42/43). Mit einer Höhe von 1,93 m überschreitet dieser Kouros zwar das gewohnte menschliche Maß, ist bei weitem aber noch nicht der Größte unter seinen Brüdern. Gab es doch Kolosse, die drei und vier, ja neun Meter maßen. Dieses Übermaß der Leiber, das gerade in der Frühzeit vorherrscht und erst im Verlauf des 6. Jh. dem Maß von Menschengröße oder wenig mehr weicht, ist gewiß durch Vorbilder des Orients und die Riesengestalten der ägyptischen Kunst angeregt worden. Dennoch ist es offenkundig ebensosehr der Ausdruck einer gleichsam angestauten Kraft, die sich gerade bei ihrer ersten Entfaltung übermäßig entlud. Auch was seinen festgelegten, für anderthalb Jahrhunderte gültigen Typus betrifft, ist der archaische Kouros nur in einigen äußerlichen Zügen *orientalischen* oder *ägyptischen Vorbildern* verpflichtet. So etwa in der strengen Frontalität, in der Vorsetzung des linken Fußes, in der festen Verhaftung der Hände an den Oberschenkeln. Schon die *Nacktheit* aber, in der diese frühen Jünglingsbilder erscheinen, ist dem Orient ganz fremd. Auch die Kühnheit, mit der die griechischen Bildhauer diese nackte Gestalt frei aufwachsen ließen, ohne jede Rückenstütze oder sonstige Verfestigung, ist durchaus eine eigene Leistung. Schließlich wäre die reine Idealität zu nennen, in der die Gestalt, ihr Kopf und ihr Antlitz gegeben ist. Gegenüber den frühen und sehr bedeutenden Porträtstatuen der ägyptischen Kunst kennt die griechische Plastik archaischer Zeit eine Darstellung persönlicher Züge und individueller Merkmale nicht. So legt – trotz mancher Verbindung zu älteren Kulturen und Kunstformen – schon die erste Gestalt eines griechischen Mannsbildes Zeugnis ab „von der Freiheit eines Griechenmenschen“.

Mit dem steinernen *Kalbträger*, der einst als Weihgeschenk auf der Akropolis von Athen stand, sind wir in das 6. Jh. v. Chr., etwa sein drittes Jahrzehnt, vorgedrungen

(Abb. 44). Bei Betrachtung der ungefähr 75 Jahre älteren, aus Kreta stammenden Bronzestatuette des Mannes mit dem Widder (Abb. 40/41) wurde schon die Gruppe von Mann und Kalb erwähnt. Es wurde betont, wieviel stiller, geruhiger und nobler das Thema von dem *attischen Künstler* vorgetragen wird. Sein archaisches Bild stellt offenkundig einen Landedelmann dar, der zur Akropolis hinaufgestiegen ist, um der Göttin ein Kälbchen zum Opfer darzubringen. Diese einfache, fromme Handlung wird in der Bildsäule mit großem Ernst und echter Feierlichkeit verewigt. Die aufrechte, straffe Haltung des Mannes scheint kaum von der Last berührt zu werden, die er auf seinen Schultern trägt. Ja, es ist dem Künstler gelungen, die beiden Geschöpfe, das ragende Mannsbild und die gelagerte Gestalt des Kälbchens, zusammenzubinden zu einer höheren, künstlerischen Form echter Gruppenbildung. Das geschieht einmal durch die kreuzweise Bin-

38 GEOMETRISCHES PFERD. Fundort wahrscheinlich Olympia. Nach 750 v. Chr. Berlin, Staatl. Museen, Antikenabteilung Nr. 31317. Höhe: 16 cm. Bronze. Nach seinem akzentuierenden Stil ist das kleine Werk wohl einer korinthischen Schule zuzuschreiben und gegen Ende des geometrischen Zeitalters entstanden. Obwohl früheste Dokumente einer griechischen plastischen Kunstübung, sind diese geometrischen Bronzen doch Vertreter des Spätstils ihrer Zeit, wie das kunstvoll-abstrakte Kurvenspiel von Gliedern und Körper zeigt.

39 GREIFENKOPF VON BRONZEKESSEL. Mitte 7. Jh. Olympia, Museum Nr. B 145. Höhe bis zum senkrechten Stirnknauf: 27,8 cm. Die scharfen Kanten und Grate, die die plastischen Wölbungen begrenzen, sind mit unerhörter Schärfe und Kühnheit gezogen und gegeneinander geführt. So etwa die Zunge, die gegen die obere Krümmung des Schnabels vorstößt, der steile Anstieg über dem Auge, wo sich die Brauenpartie in vierfacher Stufung gleich einem Terrassengelände aufbaut. Auf der Kuppel dieses Aufbaus erhebt sich der mystische Fruchtkolben, der als Erbe orientalischer Greifendarstellungen auch diesen Kopf ziert. Es handelt sich um einen Hohlguß; der Augapfel war aus Bein, die Pupille wohl aus farbigem Stein eingesetzt. Der dünnwandig gegossene Kopf war mit Nieten an dem getriebenen Greifenhals befestigt. Er gehört durchaus, auch wenn er als dekoratives Kunstwerk einem Gerät verbunden war, stilistisch zur Gattung der ausdrucksstarken früharchaischen Plastik.

40/41 BRONZESTATUETTE EINES WIDDERTRÄGERS. Mitte 7. Jh. v. Chr. Berlin, Staatl. Museen, Antikenabteilung Nr. 4777. Höhe: 18,5 cm. Die früharchaische Statuette stammt aus dem damals von Dorern besiedelten Kreta. Dorisches Wesen zeigt sich deutlich in dem kantig-kubischen Bau der Figur, einer gewissen schwerfälligen, ja ungeschlachten Wiedergabe des Rumpfes und der Glieder. Doch hat man auch – nicht zu Unrecht – Nachwirkungen der minoischen Kunst und Kultur des zweiten Jahrtausends v. Chr. sehen wollen, so in der Tracht des Schurzes, der Einschnürung der Figur über den Hüften, der abgespreizten Form der Oberarme. Vielleicht vereinigt sich hier minoische Tradition mit griechisch-dorischem Wesen.

42/43 KOUROS. Fundort Attika. Um 620–610 v. Chr. New York, Metropolitan Museum Nr. 32.11.1. Höhe ohne Plinthe: 193 cm; Höhe der Plinthe: 6 cm. Inselmarmor. Die strengarchaische Statue ist eine der am besten erhaltenen Kolossalfiguren, die am Anfang der Geschichte der monumentalen Plastik in Griechenland stehen. Der klare Aufbau des Körpers wie des Gesichts wird noch von strengen geometrischen Verhältnissen bestimmt. Das Gesicht ist hoch, steil-dreieckig gebaut; die großen Augen beherrschen den ganzen oberen Teil des Antlitzes. Die Haare sind in schönen Perlschnüren sorgfältig-ornamental geordnet. Spuren von roter Farbe im Haar, an der Binde im Haar, am Halsband und in den Nasenlöchern. Weitere Werke dieses Bildhauers lassen sich bisher nicht nachweisen.

39
◁

40
◁
41
▷

42
◁

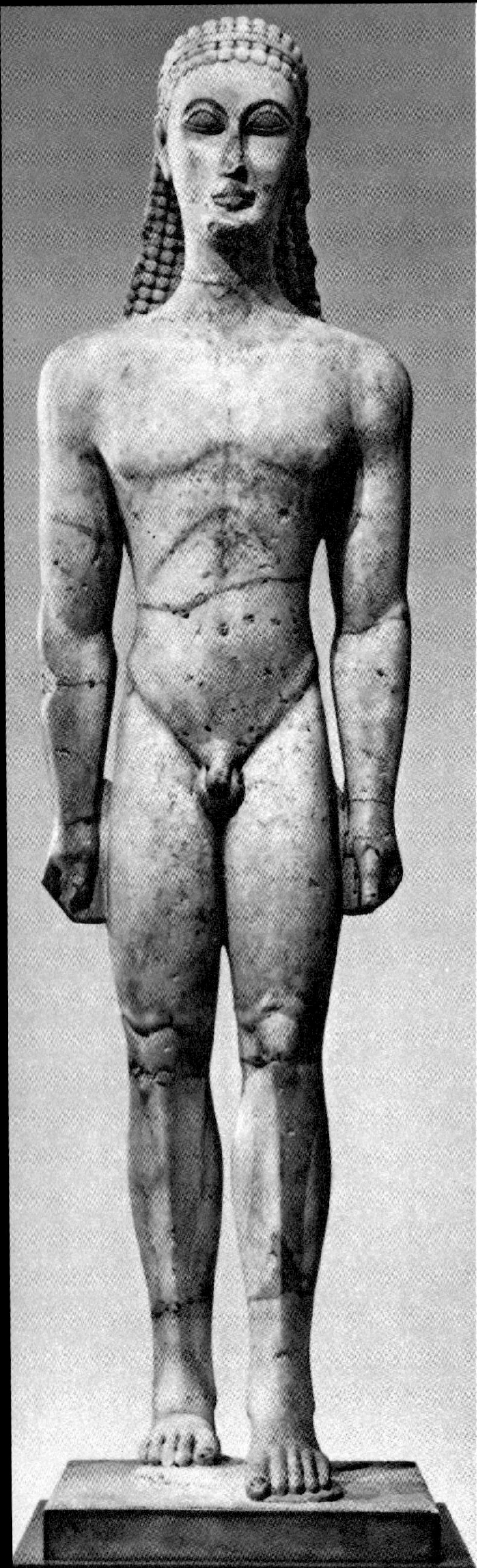

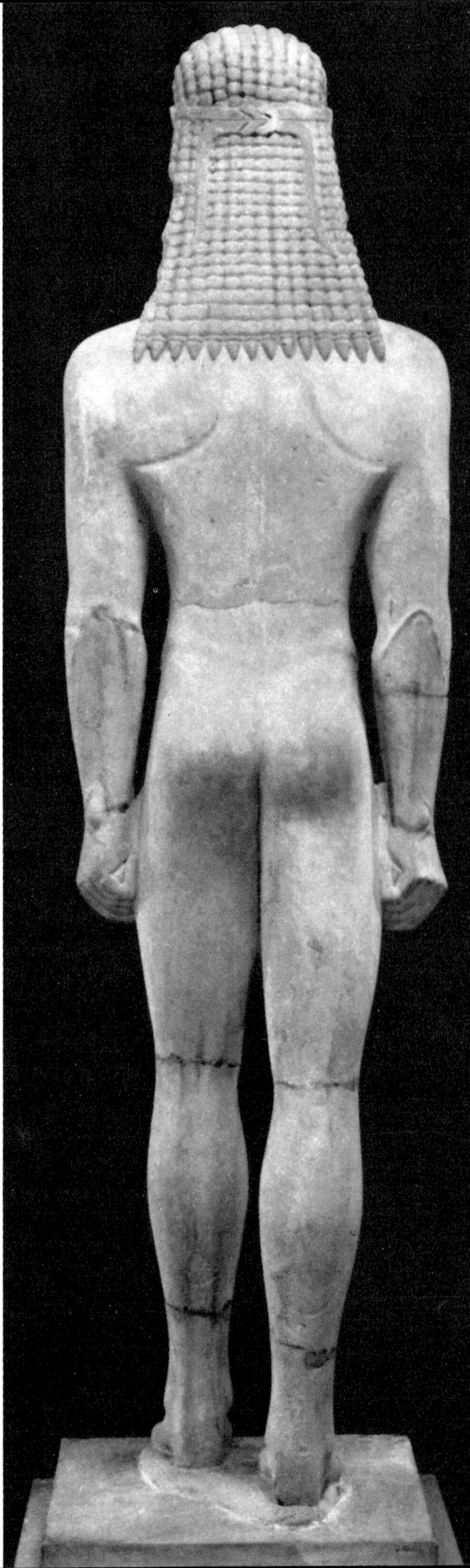

43
▷

dung, welche die Arme des Mannes und die Beine des Tieres eingehen. Wenn auch der eigentliche Knotenpunkt, wo Füße und Hände sich zusammenfinden, abgesprungen ist, so wird doch aus der erhaltenen Anordnung zwingend deutlich, wie fest die Verflechtung von Mann und Tier durchgeführt ist. Sie wird gekrönt durch die Haltung der beiden Köpfe. Indem nämlich der Kopf des Tieres neben dem des Mannes nach vorn gebogen und ihm parallel gelagert ist, entsteht eine klare und einfache Gemeinschaft von Mensch und Tier, die sich in dem brüderlichen Beieinander der beiden Häupter ausspricht. Mit dieser im künstlerischen wie im menschlichen Sinn so überzeugenden Komposition hat der Künstler ein Weihgeschenk geschaffen, das gewiß zu den schönsten und kostbarsten auf der früharchaischen Akropolis gehörte.

In dem gleichen dritten Jahrzehnt ist eine reichbekleidete, *stehende Göttin* entstanden, die ebenfalls einem *attischen Künstler* zu verdanken ist (Abb. 49). Sie wurde in der Mesageia, im attischen Mittelland, an einer Gräberstraße südlich des Hymettos sorgfältig „beigesetzt" gefunden. Es scheint, daß das ganze, lange Untergewand, der Chiton, einfarbig rot bemalt war. Der Mantel hob sich vielleicht in ockergelber Farbe davon ab. Er ist in Art eines Umhangs über beide Schultern gelegt, so daß seine Falten im Rücken gleichmäßige Gehänge bilden. Nach vorn fallen zwei Bahnen herunter, deren untere, sorgfältig geschichtete Säume deutlich machen, daß der Mantel vierfach gelagert zu denken ist. Auf dem Kopf trägt die strengarchaische Figur einen hohen, kronenartigen Aufsatz, den sog. Polos. Er kennzeichnet die Gestalt wohl als Göttin, wenn er auch – in seltenen Fällen – von sterblichen Frauen getragen wird (vgl. Abb. 63). Auch der Granatapfel, den die rechte Hand mit schraubendem Griff umklammert und deutlich dem Betrachter entgegenhält, kann die Frage, ob Göttin oder Verstorbene, nicht entscheiden. Für uns trägt die hoheitsvolle Erscheinung, die feierliche Haltung der Arme und Hände, der starke, strahlende Blick der groß geöffneten Augen göttliche Züge. Man könnte wohl eine frühe Form der Aphrodite als Göttin des Lebens und der Fruchtbarkeit in dieser königlichen Gestalt sehen.

Von der Vielfalt *archaischer Tierdarstellungen* geben uns drei Figuren gelagerter Löwen und der Kopf eines Widders, alle im 6. Jh. entstanden, eine Vorstellung. Das älteste Werk ist der früharchaische *Löwe von Korfu* (Abb. 45), wohl um 600 v. Chr. entstanden. Sein langgestreckter, hagerer Körper ist noch Bildungen des 7. Jh. verbunden. Im Vorderkörper freilich, vor allem im Kopf, gewinnt die Darstellung eine plastische Größe und Gewichtigkeit, die von der alten Zeichensprache zu einer neuen, unmittelbaren Vergegenwärtigung führt. Strenger, formelhafter ist ein *liegender Löwe* gebildet, der aus dem Bereich des korinthischen Golfes, *aus Loutraki,* stammt (Abb. 47). Hier ist der Charakter des Wappentieres in überzeugender Weise zum Ausdruck gebracht. Vielleicht gehörte ein Gegenstück zu diesem Löwen, wodurch der heraldische Eindruck noch gesteigert worden wäre. Ganz anders ist wieder der *Löwe aus Milet,* der sich im Berliner Pergamon-Museum befindet (Abb. 46). In großartiger Natürlichkeit liegt er breit und schläfrig auf seiner Basis. Dieses Bildnis des Löwen ist sicherlich angeregt durch *orientalische,* vielleicht auch *ägyptische Vorbilder.* Allerdings ist es ganz neu gesehen und geformt in der tiefen Erfassung des Wesens des Tieres und im Studium der Einzelheiten seiner majestätischen Erscheinung. Wie das Fell in seinen Falten und Verschiebungen, die Pranken in ihrer weichen und doch kraftvollen Art wiedergegeben sind, das verrät echt *ionischen* Sinn für Natur und atmendes Leben. Wie dann die Mähne in kräftige, aber fest formulierte Zotteln geordnet, das Gesicht fast zur Maske verfestigt ist, das verrät die Kraft archaischen Bildens auch bei einem so real erfaßten Objekt. Die scharfe Beobachtung der Natur des Raubtiers, die bis in alle Einzelheiten seiner Erscheinung geht, deutet darauf hin, daß der ionische Künstler Gelegenheit hatte, Löwen in Gefangenschaft zu studieren.

Ein bedeutendes Tierbild der spätarchaischen Kunst stellt ein *Widderkopf* dar, der sich am Weihetempel in Eleusis, dem Telesterion, befand und heute im Museum in Eleusis aufbewahrt wird (Abb. 48). Der Kopf diente als Wasserspeier und saß am Beginn einer Langseite, nahe der Ecke zur Giebelfront. Zwar ist der Tierkopf ohne jeden organischen Übergang, ohne auch nur eine Andeutung des Halses etwa, dem marmornen Dachrand angeheftet, dessen kräftige archaische Profilierung hinter dem Widderhorn aufsteigt. So scheint der Kopf an- und vorgesetzt zu sein, obwohl er aus dem gleichen Block wie die Traufleiste (Sima) gearbeitet ist. Für sich gesehen aber stellt er ein Meisterwerk ersten Ranges dar. Bewundernswert ist sowohl bei diesem Tierbildnis wie bei dem gelagerten Löwen von Milet (Abb. 46) die Verbindung von groß gesehener plastischer Gesamtform mit einer lebendigen und delikaten Ausführung der Einzelheiten, die vielleicht auch bei diesem Widder einen *ionischen* Zug verrät. Das archaische Telesterion, zu dem der Widderkopf als Dachschmuck gehörte, wurde in pisistratischer Zeit ausgeführt; der Kopf gehört also in das Jahrzehnt von 530–520 v. Chr.

Kehren wir noch einmal zum Anfang des 6. Jh. zurück, um eine besondere Art archaischer Plastik kennenzulernen, die *altattische Porosskulptur*. Poros ist eine weiche, aber konsistente Form von Kalkstein, an Farbe dunkelbraun, bräunlich oder gelblich. Ein Vorteil dieses Materials ist, daß es leicht auch mit dem Schnitzmesser zu bearbeiten ist. Freilich ist es wenig wetterbeständig, und so wurden in Attika im 6. Jh. vor allem *Giebelskulpturen* aus diesem Stein gefertigt, die im Gehäuse eines Tempelgiebels, unter den vorspringenden schrägen Giebelgeisa, verhältnismäßig geschützt waren. Wegen seiner Unansehnlichkeit wurde der Porosstein zudem vollkommen mit Farbe überzogen. Noch heute zeugen die Reste altattischer *Porosgiebel* von einer Farbenpracht, wie sie die Marmorskulptur nicht besaß und nicht besitzen sollte. Da das weiche Material außerdem zu einer besonders reichen und bewegten Formgebung einlud, müssen diese Porosskulpturen nach Form und Farbgebung von größter Lebendigkeit, von einer geradezu drastischen Gegenwärtigkeit gewesen sein.

Eine Ahnung von diesen farben- und daseinsfreudigen Giebelskulpturen bieten die Reste eines bedeutenden Giebels, auf dessen rechter Seite ein *dreileibiger Dämon* dargestellt ist (Abb. 50). Deutlich wird schon an diesem Ausschnitt der drei aufgereckten Oberkörper, den angehobenen Köpfen und den lebhaft spähenden Blicken, mit welch lebendiger Drastik hier ein mythisches Fabelwesen dargestellt ist. Nehmen wir hinzu, daß die Oberkörper mit Flügeln ausgestattet waren, und daß die Leiber in engverknäuelte, langgedehnte Schlangenendungen übergehen, so erscheint dieses Fabelwesen selbst als eine Verkörperung dessen, was seine Attribute belehrend aussagen, als eine Darstellung der drei Elemente Feuer, Wasser und Luft. – Dem weichen Material des Poros entsprechend sind die plastischen Formen lebhaft, ja heftig modelliert. Zusammen mit der bunten Farbenpracht, die diesen Formen aufgetragen war, muß das dreileibige Märchenwesen einen überwältigenden Eindruck auf jeden archaischen Betrachter gemacht haben. Die mythische Szene, zu der der Dreileibige gehört, füllte den rechten Flügel eines Giebels; ihr entsprach auf der linken Seite eine Darstellung des Kampfes von Herakles mit dem Meeresgott Triton.

Außer dieser an Umfang und Inhalt, Formen und Farben so reichen Giebelkomposition gab es auf der Akropolis von Athen mehrere kleinere Porosgiebel, die in der gleichen Technik und in gleicher Buntheit mythische Begebenheiten erzählen. Sie gehörten zu kleineren Tempeln oder Schatzhäusern und verliehen der *archaischen Akropolis* ein farbenprächtiges Aussehen.

Ähnlich der Porosplastik war auch die reichentwickelte *Terrakottakunst*, besonders wenn es sich um Schöpfungen größeren Formats handelte, auf starke Farbgebung angewiesen. Ein prachtvolles Beispiel solcher, fast lebensgroßer *Tonplastik* stellt ein weiblicher *Terrakottakopf* dar, der in Kalydon in Ätolien, also in Mittelgriechenland, gefunden wurde (Abb. 58). Er stammt nicht von einer stehenden weiblichen Figur, sondern von einer *Sphinx*, deren hockender Tierkörper in Fragmenten erhalten ist. Solche hockenden Sphingen wurden gern als *Eckakrotere*, d. h. als Schmuck der äußersten Enden eines Giebels, benutzt, indem sie auf einer horizontalen Basis über den Giebelecken rechts und links angebracht waren. Die den Betrachter erschreckende, vom Tempel unheilabwehrende Kraft dieser Fabelwesen ist noch in dem Kopf der *strengarchaischen* Sphinx von Kalydon lebendig. Gegenüber der reichen, schwellenden Formgebung an den Köpfen des Dreileibigen erscheint die Bildung dieses weiblichen Kopfes strenger, härter und karger. Da sich zusammen mit der Sphinx andere architektonische Terrakotten, Fragmente von Metopen und Stirnziegeln, fanden, die Versatzmarken in korinthischem Alphabet aufweisen, dürfte auch die Sphinx einer korinthischen Werkstatt entstammen. Die Sphinx von Kalydon gehört dem Beginn des 6. Jh., der Zeit von 600–580 v. Chr., an. Nur wenig später, um 570, wurde in Attika eine reifarchaische *Marmorsphinx* geschaffen, die als Bekrönung einer hochaufragenden Grabstele auf dem Staatsfriedhof von Athen vor dem Dipylontor diente (Abb. 59). Eine Gegenüberstellung dieser beiden Sphinxköpfe macht dorisches Wesen in der Sphinx von Kalydon, attisches in dem Grabmal vom Kerameikos-Friedhof deutlich. Der *korinthisch-dorisch* gebauten Form des Terrakottakopfes, der harten Bestimmtheit seiner Formen steht die weichere Gestaltung durch eine *attische* Bildhauerhand gegenüber. Kantig, fast hart sind die Teile des Gesichts der Terrakottasphinx geschnitten. Uralte Schnitzkunst scheint hier im weichen Material des Tons nachzuleben. Zarter, feinfühliger, zugleich dichter verwoben und verschmolzen erscheint die Modellierung des attischen Antlitzes. Gegenüber der starken, festgelegten, buntbemalten Maske des Terrakottakopfes wirkt die athenische Sphinx weniger dämonisch, dafür fast menschlich-liebenswürdig. Dieser mildere Ausdruck, der sie von dem an magischer Wirkung stärkeren Sphinxkopf von Kalydon ab-

44 KALBTRÄGER. Um 570 v. Chr. Athen, Akropolis-Museum Nr. 624. Höhe: 165 cm. Hymettischer Marmor. Plinthe mit dem rechten Fuß der Figur einzeln erhalten. Nach dem Rest ihrer Inschrift hieß der Dargestellte Bombos, Kombos oder Rhombos. Die Haare sind hinter den Ohren in drei Zöpfen oder Strähnen herabgeführt. Der Oberkopf hat eine gerauhte Oberfläche, zur Aufnahme von Farbe. Der ausrasierte Bart ist kunstvoll begrenzt. Die Augen waren eingesetzt. Mann und Tier sind in diesem früharchaischen Meisterwerk in eindrucksvoller Weise zu einer echten Gruppe vereinigt.

45 LIEGENDER LÖWE VON KORFU. Um 600 v. Chr. Korfu, Museum. Größe der Basis: 121×41 cm; größte Höhe des Tieres: 45 cm. Grünlich-gelber Kalkstein. Die früharchaische Skulptur gehört noch dem Ende des 7. Jh. an, ist also rund ein Jahrhundert älter als der liegende Löwe aus Milet (Abb. 46). Die schwerfällige, kompakte Bildung des Körpers und der Glieder spricht für die Herkunft aus einer Werkstatt von Korinth, das die Mutterstadt der Stadt Kerkyra (Korfu) war.

46 LIEGENDER LÖWE AUS MILET. Ende 6. Jh. v. Chr. Berlin, Pergamon-Museum. Länge der Plinthe: 171 cm; Tiefe der Plinthe: 66 cm; höchste Höhe der gelagerten Tierfigur: 54 cm; Länge: 173 cm. Inselmarmor. Meisterhaft beobachtet und wiedergegeben sind die Verschiebungen des Felles am Hinterschenkel. Zart und lebendig ist die linke, von unten gesehene Hinterpranke vor der weichen Masse des Leibes modelliert. Sorgfältig stilisiert und doch weich und stofflich sind die Zotteln der mächtigen Mähne kragenartig um das Haupt gereiht. Ionische Freude an der Beobachtung der Natur und ionische Sinnenfreude an der Wiedergabe kostbarer Details haben sich in diesem archaischen Meisterwerk verbunden.

47 LIEGENDER LÖWE AUS LOUTRAKI. Mitte 6. Jh. v. Chr. Kopenhagen, Ny Carlsberg Glyptotek Nr. 5. Höhe: 53 cm; Länge 100 cm. Diese archaische Statue besteht aus Poros (Süßwasserkalkstein). Statue und Plinthe aus einem Block. An der Zunge Reste von roter Farbe. Schenkel und Schultern kräftig modelliert; der Körper eher konventionell und formelhaft. Nach Stil, Material und Herkunft korinthisch.

48 WIDDERKOPF, VON EINER SIMA. Um 530–520 v. Chr. Eleusis, Museum. Dieser spätarchaische Kopf und der ansitzende Teil eines Dachrandes bestehen aus Inselmarmor. Sie waren vermutlich Teil des pisistratischen Tempels von Eleusis. Tiefe des Kopfes: 35 cm. Mit wenigen, festen und doch weichen Formen ist das Gesicht des Tieres modelliert, mit besonderer Zartheit das Auge in seine lederweiche Umgebung eingesetzt. Zur Nase hin schwingt eine gerundete Kerbe, die von der gleichen Feinheit ist wie die Umrandung der Augen. Das Gesicht wird hinten von einem dreifachen Kranz zierlicher Buckellöckchen umrahmt und abgeschlossen, hinter denen die mächtigen Hörner sich winden. Ihre Gliederung durch quergestellte, plastisch bewegte Riefelung ist mit der größten Zartheit gearbeitet. Vermutlich war hier ein ionischer Künstler tätig. An Farbspuren ist erhalten: Rot in den Augen, Blau im Haar.

49 STEHENDE GÖTTIN. Fundort Keratea bei Laurion/Attika. Um 570 v. Chr. Berlin, Pergamon-Museum. Höhe mit Plinthe: 193 cm; Schulterbreite: 55 cm; Höhe der Plinthe: 10 cm. Wohl hymettischer Marmor. Die strengarchaische Statue wurde in Attika ganz in der Nähe des Fundortes des Kouros in New York (Abb. 42/43) gefunden. Sie war in Bleifolien gewickelt und sorgfältig beigesetzt. Daher zeigt sie kaum Verwitterung und Beschädigungen. Vielleicht wurde sie beim Einfall der Perser vor der Schlacht von Salamis (480 v. Chr.) geborgen und später nicht wieder hervorgeholt. Infolge der guten Erhaltung sind noch zahlreiche Farbreste zu erkennen: Gelb, Rot (aus Eisenocker gewonnen), stark oxydiertes Blau. Die hochragende, pfeilerhafte Form der Gestalt setzt sich in dem schmalen, hochgebauten Kopf fort, der auf langem Hals aufwächst und von der Götterkrone, dem Polos, gekrönt wird. Diesem steilen Gesamtaufbau wird von den weit ausladenden Schultern, den breiten, querlaufenden Gebärden, dem schwerfällig-breiten Stand der Füße ein Gegengewicht verliehen. So entsteht eine kraftvolle, lebendig-vitale plastische Schöpfung, die doch streng archaisch gebunden ist, wobei Bindung und Freiheit gleichermaßen von attischer Geistesart Zeugnis ablegen.

△ 45

▽ 46

△ 47 ▽ 48 ▷ 49

hebt, läßt jede Erinnerung an die vorhergehenden urgewaltigen Schöpfungen des 7. Jh. vergessen. Mit dieser Sphinx vom Kerameikos in Athen – d. h. mit der zweiten Generation des 6. Jh. – setzt eine deutliche Vermenschlichung selbst der Fabelwesen ein.

Während wir in der zweiten Hälfte des 7. und zu Beginn des 6. Jh. v. Chr. die nackte männliche Gestalt überwiegend in kolossalem Format, in zwei- und dreifacher Lebensgröße, antreffen, kommt im Verlauf des 6. Jh. dieses Riesenmaß immer seltener zur Anwendung. Freilich wird auch das Maß der Lebensgröße oder gar ein darunterliegendes Maß selten verwendet, wie etwa bei dem berühmten „*Apoll von Tenea*", der nur eine Höhe von 1,53 m erreicht. Will man von einem normalen Maß der Kouroi dieses Jahrhunderts sprechen, so wird die Lebensgröße etwas überhöht. Eine der am besten erhaltenen dieser Jünglingsgestalten, der sog. *Kroisos-Kouros,* hält mit der Höhe von 1,94 m etwa dieses Normalmaß (Abb. 57). Seine erstaunlich gute Erhaltung und seine zeitliche Stellung am Beginn der letzten Generation des 6. Jh. machen ihn zu einem Musterbeispiel dieses für die archaische Zeit so charakteristischen Statuentypus. Dieser *reifarchaische Kouros* steht heute im Nationalmuseum in Athen auf einem Basisblock, dessen Zugehörigkeit allerdings nicht gesichert ist. Ein Grabepigramm auf der Vorderseite dieses Blockes nennt „Kroisos" als Namen des Verstorbenen, dessen Statue ehemals auf diesem Block stand.

Bei einem ersten Blick auf die Statue überwiegt der Eindruck einer fast übertriebenen Plastizität im ganzen, einer muskelstarken Durchbildung im einzelnen, wobei die prallen Formen kräftig gegeneinander abgesetzt sind. In der Verbindung von blühender Kraft der gesamten Erscheinung und der alles durchdringenden reichen Differenzierung der einzelnen Formen bildet der Kroisos-Kouros ein besonders schönes und gültiges Beispiel der reifen archaischen Kunst des Jahrzehnts von 530–520 v. Chr. Die spannungsreiche Schönheit dieses Meisterwerkes wird gerade im Detail deutlich, so wenn man etwa den inneren Kontur der hängenden Arme mit dem ihm antwortenden äußeren Kontur des Rumpfes und des Oberschenkels in seinem Verlauf beobachtet und vergleicht. Man erkennt dann einen ebenso dramatischen wie kunstvollen Verlauf dieser Umrißlinien, die vor hellem Hintergrund ein eigenes, schlankes Ornament als Binnenform erzeugen.

In das gleiche Jahrzehnt gehört ein *reifarchaischer Jünglingskopf,* der sog. *Kopf Rayet* (Abb. 51, 52). Er befindet sich in der Ny Carlsberg Glyptotek in Kopenhagen und ist die erste Antike, die der Begründer jener Glyptothek, Carl Jacobsen, im Jahr 1879 in Paris aus dem Besitz des französischen Archäologen Olivier Rayet erwarb. Er ist noch heute eines der schönsten und bedeutendsten Stücke dieser großen Antikensammlung. Mit einer Höhe von 25 cm übertrifft er wie der Kroisos-Kouros nur wenig die natürliche Lebensgröße; trotzdem hat er eine durchaus monumentale Gestaltung. Reste seiner farbigen Bemalung sind noch erhalten; so etwa dunkelrote Farbe an den Haaren, den Augen und Lippen. Die wachsartige Oberfläche des Gesichts läßt noch eine Nachwirkung der ursprünglichen, antiken „*Ganosis*", einer Imprägnierung mit aufgelöstem Wachs, spüren. Dieser reifarchaische Kopf eines jugendlichen Athleten zeigt, wiederum dem Kroisos-Kouros ähnlich, starke und feste, plastische, eigenwillige Formen, die eine besonders ausgeprägte künstlerische Natur verraten. Der festen Geschlossenheit des hochgewölbten Schädels entspricht eine feste, kernige Modellierung der einzelnen Gesichtsformen. Weit sind die Augen geöffnet, prall die Wangen herausmodelliert, schwer ist das Kinn gerundet. Dennoch wirkt das Gebilde nicht schwer und massig. Die scharfe Artikulierung der einzelnen Form gibt dem Gesicht eine gespannte Lebendigkeit, der sich ein strahlender, heiterer Ausdruck verbindet – ein echtes Zeugnis attischer Charis (Anmut).

Ebenso in das drittletzte Jahrzehnt dieses Jahrhunderts, wohl schon in die Zeit um 520 v. Chr., gehört die prachtvolle *reifarchaische* Figur einer *Kore*, die nach der Inschrift einer wahrscheinlich zugehörigen Basis als *Kore des Antenor* bezeichnet wird (Abb. 55). Der stattlichen Größe entspricht der kraftvolle Wuchs der Gestalt und die breite, fast prunkvolle Entfaltung der Gewänder. Denken wir eine reiche, vielfältig abgestufte Bemalung hinzu, so erhalten wir eine Vorstellung von der Pracht an Farben und Formen, mit der die Figur ursprünglich ausgestattet war. Die Tracht ist charakteristisch für den neuen Typus der Kore, wie er – vom östlichen Ionien nach Athen importiert – kurz vor der Mitte des 6. Jh. aufkommt und bis zum Ende der archaischen Zeit, bis zum Beginn also des 5. Jh., die absolute Vorherrschaft innehatte. Kein athenisches Atelier dieser Zeit zwischen 560 und 490 v. Chr. konnte es wagen, in der altmodischen Form des strenggeschnittenen und geschlossenen Peplos eine Mädchenfigur darzustellen. Die komplizierte Vielfalt an Stoffen und ihren Faltengehängen, Säumen und ihrer bunten Bordierung, der Reiz einer asymmetrischen Anordnung der Gewandteile ließen die neue Mode rasch über die ältere, ernstere Form triumphieren. Neumodisch ist vor allem das sog. schräge *ionische* Mäntelchen, das auf einer Schulter – meist der rechten – geknüpft ist, wobei die Knüpfung sorgfältig und liebevoll dargelegt zu werden pflegt. Auf der anderen Seite der Figur ist der Mantel in schräger Führung zwischen den Brüsten hindurch und unter der Achsel herumgeführt. Wenn diese Schrägführung schon den Oberkörper in einer sehr betonten Weise überquert, so bewirkt sie weiter unten eine völlig verschiedene Verteilung der Stoffmassen. Unter dem Knüpfärmel und dem angehobenen Arm – dem rechten bei der Antenor-Kore – hängen die Säume des Mantels in prächtig ausgebreiteter Form auf- und niedersteigend und die Zickzackführung ihrer Borten entfaltend vor dem Körper in einer höchst demonstrativen Weise herab. Gerade in der Mittelachse der Figur steigt das Gefältel des Saumes hoch empor, so daß von dem Mäntelchen nur eine Schärpenbreite übrigbleibt. Zur linken Seite der Figur und um ihre linke Flanke herum steigt der Saum wieder hinab, aber nur bis unter die Taille, während das breite Gehänge auf der anderen Seite fast bis zum Knie hinunterreicht. Das Untergewand, der Chiton, ist eng um die Beine und das Becken geschlungen, da der Stoff von der zierlich gehobenen linken Hand zur Seite und emporgezogen wird. Ein ganzes System von schräg nach oben verlaufenden Gratfalten gliedert das straff um den Körper gezogene Gewand, während an der linken Seite die von der linken Hand emporgelüpfte feine Stoffmasse in senkrechten Falten herabfällt. Diese linealgeraden, kühlgezogenen, eng parallelen Steilfalten wirken wie ein feines Echo der breit entfalteten, senkrecht hängenden Bahnen von der rechten Seite des Oberkörpers dieser weiblichen Standfigur. Genau den gleichen Typus vertritt eine etwas jüngere *Korenstatuette von der Akropolis*, an der Reste der reichen Bemalung erhalten sind (Abb. 56). Freilich erreicht die Figur nur ein Drittel der Größe der Antenor-Kore. Doch ist es nicht nur das kleinere Format, das den Eindruck der Zierlichkeit, ja gedrechselter Kleinkunst hervorruft; es hat sich vielmehr das Verhältnis von Körper und Gewandung entscheidend geändert. Während bei der Antenor-Kore die mächtige Gestalt mit ihren vollen Schultern, den breitgestellten Brüsten und dem vierseitigen Brustkasten durchaus dominiert und die Menge der Stoffe und des Faltenwerkes mühelos zu tragen vermag, ist bei diesem *spätarchaischen* Figürchen der eigentliche Körper schmal und schlank, fast schwächlich gebildet. In der flach geschwungenen Konturierung seiner Außenseiten, der Hüften und der Taille ist er fast eine ornamentale Form geworden. Um so schwerer umschließt der Prunk der Gewänder diese zarte Gestalt, um so reicher wirkt ihre Ausschmückung mit breiten Borten und bunten Streumustern. Auch das Verhältnis des Körpers zum Kopf hat sich geändert. Während bei der attischen Antenor-Kore Kopf und Hals zwar kräftig gebildet und stolz getragen, aber doch im Verhältnis knapp und klein erscheinen, wirkt das Gesicht dieses Figürchens mit dem Toupet der Haare und dem hoch sich darüber spannenden Diadem im Verhältnis zu den schmalen Schultern und dem zarten Oberkörper fast zu groß und zu schwer. All diese Merkmale sprechen für eine *inselionische* Entstehung.

Zwei *Korenköpfe,* beide auf der Akropolis von Athen gefunden, von *attischen Koren* stammend und dem Ende des Jahrhunderts, wohl schon der Zeit um 500 v. Chr., angehörend, mögen unseren Überblick über die Entwicklung der archaischen Koren durch das 6. Jh. hin beschließen. Wenn auch die beiden Köpfe nach Ort und Zeit ihrer Entstehung zusammengehören, so sind sie doch in Form und Ausdruck sehr verschieden. Beide sind mit einem Kopfaufsatz versehen, der eine (Abb. 64) mit einem Diadem von leicht geschwungenem Profil; der andere (Abb. 63) mit einem hohen und schweren Aufsatz, der eher einer Götterkrone, dem Polos, gleicht als einem gewöhnlichen Kopfschmuck. Da es sich aber auch bei diesem auf der Akropolis gefundenen Kopf mit Sicherheit um den Rest einer Korenfigur handelt, also weder um eine Göttin noch um eine Verstorbene, wird man den schweren Prunk dieses Kopfschmucks als eine besonders reiche Ausstattung des Mädchens ansehen müssen. Der hohe Aufsatz ruht auf dem flachen Bogen der Haarmasse, die, in zwei Schichten geteilt, im oberen Teil ein gewinkeltes, im Zickzack gebrochenes Band darstellt, wohl Strähnen in stilisierter Form. Dieses gewinkelte Band steht seinerseits über einer gescheitelten, nach rechts und links in Wellen hingestrichenen schmalen Zone, die unmittelbar den oberen Rand der Stirn begrenzt. So ist über dem Sockel der Stirn eine fast architektonische Gliederung durchgeführt, die den mächtigen Aufsatz trägt. Das Antlitz selbst zeigt – vor allem in der Stirnpartie, aber auch der übrigen Modellierung – eine eigentümlich glatte und kühle Formgebung. Diesen wie aus Porzellan gebildeten Wölbungen entspricht die scharfkantige Schwingung der Brauen, die präzise Kragenform der schweren Oberlider, die starke, kantige Bildung der Nase, die feste, scharfgeränderte Ziehung der Lippen.

Gegenüber einer solchen klaren Tektonik, einer kühlen Bestimmtheit der Formgebung zeigt der zweite, spätarchaische Kopf einer Akropoliskore (Abb. 64) eine faszinierende Unbestimmtheit der Formen, einen eigentümlich verhangenen, verschleierten Ausdruck.

50 **Dreileibiger Dämon.** Um 570 v. Chr. Athen, Akropolis-Museum. Eckgruppe aus dem Ostgiebel eines archaischen Tempels auf der Akropolis von Athen. Höhe: 77 cm; erhaltene Länge mit den Schlangenleibern: 325 cm; Höhe des Reliefs der drei menschlichen Oberkörper: 41 cm. Bemalter Poros. Die drei Leiber sind zusammen mit dem Hintergrund aus einem Block geschnitten. Menschlich gebildet sind die drei Oberkörper mit Armen und Köpfen. Von diesen Oberkörpern entwickeln sich nach rechts hin drei Schlangenleiber, die völlig ineinander verschlungen – zum Zwickel des Giebels hin verlaufen. Jeder dieser Bärtigen hält einen Gegenstand in einer deutlich aufzeigenden Gebärde vor sich. Der freundlich Herausblickende ganz rechts trägt auf der linken Hand einen Vogel. Über dem Flügel erscheint die Mittelpartie der rechten Hand des Trägers. Der Mann hält seine rechte Hand in einer behutsamen, fürsorglichen Gebärde über den Vogel. Die mittlere Figur trägt in der Linken einen gebündelten Gegenstand; die hinterste einen ähnlichen Gegenstand, der aber stärker gewellt erscheint. Ernst Buschor hat diese drei Symbole vermutlich richtig als Feuer (ganz links), Wasser (Mitte) und Luft (Vogel) gedeutet. Sie charakterisieren den Dämon als einen Elementargeist, der sich wohl in die verschiedenen Elemente zu verwandeln vermag. Stilistisch ist diese lebensvolle archaische Gruppe mit dem Kalbträger (Abb. 44) verwandt.

51/52 **Kopf Rayet.** Um 530–520 v. Chr. Kopenhagen, Ny Carlsberg Glyptotek Nr. 11. Höhe: 25 cm. Parischer Marmor. Die Augen dieses eigenwilligen Hauptes sind ungewöhnlich weit aufgerissen und durch die breiten Kragenlider stark betont; das Haar ist in seiner kappenartigen Gesamtform durch eine kräftige Wellenbewegung rundum gegliedert, im einzelnen durch eine dicht gereihte Anordnung kleiner Sicheln oder Flämmchen aufgeteilt. Zu der strahlenden Vitalität, die diesem Kopf wie dem Kroisos-Kouros (Abb. 57) eignet, kommt eine Gewichtigkeit, ein besonderer Ernst des Ausdrucks, der das reifarchaische Werk wie seinen Schöpfer in gleicher Weise charakterisiert. Im Haar, an den Augen und Lippen finden sich Spuren dunkelroter Farbe.

53/54 **Theseusgruppe von Eretria.** Um 510 v. Chr. Chalkis, Museum. Höhe: 110 cm. Parischer Marmor. Die Gruppe stammt aus dem Westgiebel des Tempels des Apollon Daphnephoros in Eretria (Euböa). In diesem Giebel war der Kampf der Amazonen mit den Athenern dargestellt. Die Gruppe zeigt Theseus, wie er die geraubte Amazonenkönigin Antiope emporhebt, um mit ihr seinen Wagen zu besteigen. Reste von knienden, bogenschießenden Amazonen sind ebenfalls erhalten. Theseus ist nackt bis auf ein Mäntelchen, das um seine Schultern hängt. Antiope trägt einen kurzen Chiton und Lederkoller. Mit großer Kraft ist der Zusammenschluß beider Körper zu einer festgefügten Gruppe durchgeführt, trotz aller Schwierigkeiten, die das bewegungsreiche Motiv für einen archaischen Bildhauer mit sich brachte. Beide Figuren sind aus einem Block gebildet; Teile wie der rechte Arm des Theseus waren gesondert angesetzt. Theseus trug hinter dem geschwungenen Wulst von Buckellöckchen noch einen Kranz aus Bronze im Haar. Die reiche, spätarchaische Giebelkomposition ist vermutlich in einer inselionischen Werkstatt entstanden.

55 **Kore des Antenor.** Um 520 v. Chr. Athen, Akropolis-Museum Nr. 681. Höhe mit Plinthe: 255 cm. Inselmarmor. In der Fülle ihrer körperlichen Erscheinung, ihrer verschwenderisch gefältelten Gewandung und ihres Zierats bildet die Kore des Antenor ein prachtvolles Beispiel reifarchaischer Kunst aus der Blütezeit der Pisistratiden-Herrschaft. Eine Basis mit Inschrift und Bettung für eine Plinthe ähnlicher Form, wie sie die Antenor-Kore besitzt, gehört mit großer Wahrscheinlichkeit zu der Figur. Demnach wurde diese Kore von dem Töpfer Nearchos geweiht und – laut Inschrift – von dem Bildhauer Antenor, Sohn des Eumares, gefertigt. Dieser Antenor muß ein namhafter attischer Bildhauer der zweiten Hälfte des 6. Jh. v. Chr. gewesen sein. Stilistisch sind die weiblichen Figuren im Ostgiebel des Apollontempels in Delphi der Mädchenfigur von der Akropolis nah verwandt. Gerade dieser Giebel – und die ganze Ostfront des Tempels – wurde auf Kosten des attischen Fürstengeschlechtes der Alkmaioniden in Marmor ausgeführt, während der übrige Bau aus Kalkstein bestand.

△ 50 ▽ 51 ▽ 52 ▷ 53 ▷ 54

In weich gerundeten Formen ist die Modellierung des zarten Antlitzes durchgeführt. Die schwer lastenden Lider bedecken zur Hälfte den Augapfel, der – schmal und langgestreckt – sich mühsam zwischen den Lidern hervorwölbt. Die Brauenbögen bilden keine so scharfkantige Absetzung der Stirn von den tieferliegenden Höhlungen der Augen, wie sie bei dem eben betrachteten Kopf so präzis herausgearbeitet ist; sie vermitteln vielmehr von der schräg zurückfliehenden Stirn in weich gerundeter Form zu den flachen Einsenkungen, in die die Augen mit den schweren Lidern gebettet sind. Das Untergesicht zeigt eine kräftigere, bestimmtere Formensprache durch die vorgewölbten Wangen, das stark vorspringende Kinn und den in einer tiefen Mulde liegenden, schön geschwungenen, vollen Mund. Dennoch hebt sich dieser Mädchenkopf in seiner weichen, gleitenden Modellierung deutlich ab von dem klaren Aufbau des Kopfes mit dem hohen Polos, vor allem von der präzisen Umschreibung und Festlegung, die alle Einzelformen bei ihm erfahren. Eine fast klassizistisch zu nennende Strenge und Kühle auf der einen, eine romantische Zartheit und Beseeltheit auf der anderen Seite machen diese beiden Köpfe zu Gegensätzen, die für die differenzierte und vielfältige Formenwelt der *späten archaischen Zeit* überaus charakteristisch sind.
Aus einem größeren Zusammenhang, einer Giebelkomposition, die den *Apollontempel von Eretria* auf Euböa schmückte, stammt die schöne *spätarchaische* Gruppe eines Jünglings, der im Begriff ist, eine weibliche Figur auf die Schulter zu heben und davonzutragen (Abb. 53–54). Es handelt sich um *Theseus*, der im Kampf mit den Amazonen deren Königin *Antiope* überwand und raubte. Die Kriegerin ist an dem Lederkoller kenntlich, das den ganzen Oberkörper deckt; sie trägt eine reiche, komplizierte Frisur und ein hohes Diadem über den gescheitelten Stirnhaaren. Der Kopf des Theseus zeigt einen kunstvoll aufgebauten Kranz zierlicher Buckellöckchen. Sein Antlitz ist von besonders kräftiger, plastischer Durchbildung; die gerundeten Augäpfel, der vortretende Mund verleihen ihm einen frischen, ja dramatischen Ausdruck. Die Herkunft der Theseusgruppe wie der ganzen Giebelkomposition aus einer *ionischen* Inselschule, die attischer Kunst eng verpflichtet war – vielleicht einer *parischen* Werkstatt – läßt sich vermuten.
Noch von einem weiteren Tempel dieser Zeit der späten Archaik sind Giebelfiguren erhalten, die sog. *Ägineten*. Sie wurden zu Beginn des 19. Jh. vor der Front des heute noch aufrechtstehenden dorischen Tempels wiedergefunden, der an der Nordostspitze der Insel Ägina auf einer bewaldeten Höhe über dem Meer liegt. Bald nach ihrer Freilegung wurden sie von dem damaligen Kronprinzen Ludwig von Bayern erworben, von Thorwaldsen 1815–1817 in seinem Atelier in Rom ergänzt und dann in der Glyptothek in München aufgestellt, die für die königliche Antikensammlung, ganz besonders aber für die Ägineten erbaut und 1830 eröffnet wurde. In beiden Giebeln ist das gleiche Thema dargestellt, im *Ostgiebel* der erste Zug der Griechen gegen Troja und seinen König Laomedon; im *Westgiebel* der spätere, aber berühmtere, gleichsam „klassische" Zug der griechischen Helden, die mit Agamemnon gegen das Troja des Königs Priamos zu Felde zogen. Die Gleichheit des Themas erlaubt in besonderer Weise einen Vergleich beider Giebel. Die Komposition im ganzen, die Anlage der einzelnen Figuren und ihre Durchbildung macht beim *Westgiebel* deutlich, daß es sich hier noch um eine Schöpfung der *spätarchaischen*

Kunst des letzten Jahrzehnts des 6. Jh. handelt. Der *Ostgiebel* dagegen zeigt, bei sehr ähnlichen Motiven, einen bewegteren Fluß der Komposition im ganzen, eine reichere räumliche Durchbildung der Figuren im einzelnen und eine Strenge der Formgebung, die diesen Giebel als eine Schöpfung des frühesten *Strengen Stils* und damit der Zeit um 490–480 v. Chr. erkennen läßt.

Der behelmte *Kopf der Athena,* die in der Mitte dieses Ostgiebels – in lebhafter Bewegung am Kampf teilnehmend – dargestellt war, trägt alle Züge dieses neuen *Strengen Stils* (Abb. 62). Vieles von der Beweglichkeit, ja von dem Empfindungsreichtum der Oberflächenmodellierung spätarchaischer Köpfe ist verlorengegangen. Ein neuer Ernst, eine neue Einfachheit sind an die Stelle archaischer Fülle und Heiterkeit getreten. Stärker noch, nachdrücklicher und gewichtiger offenbart sich der Geist des frühen klassischen Jahrhunderts und sein neuer Strenger Stil in einer *attischen* Jünglingsfigur, die auf der Akropolis gefunden wurde und in der Wissenschaft den Namen *Kritiosknabe* führt (Abb. 60/61). Dieser Name ist zwar nicht historisch oder inschriftlich gesichert. Doch wird er durch die Ähnlichkeit nahegelegt, die den Kopf der Akropolisfigur mit dem jüngeren der beiden Tyrannenmörder, Harmodios, verbindet. Die berühmte Plastik der Tyrannenmörder – *Harmodios und Aristogeiton* – stammte von den Künstlern *Kritios* und *Nesiotes.* Diese Gruppe fertigten sie 477 v. Chr. als Ersatz für ältere, von den Persern geraubte Bronzestandbilder. (Eine Marmorkopie der „Tyrannenmörder" befindet sich im Nationalmuseum Neapel.) Aufgrund stilistischer Verbindungen besitzt die Zuschreibung des Jünglingsstandbildes von der Akropolis an einen der beiden Künstler – man wird in erster Linie an den Attiker Kritios denken – hohe Wahrscheinlichkeit. Obwohl die Gestalt des Knaben, der zur vollen Größe das rechte Bein und der linke Fuß fehlen, in ihrem jetzigen Bestand nur 86 cm hoch ist und ursprünglich etwa die Höhe von einem Meter hatte, wirkt sie in der Betrachtung wie in der Erinnerung weit größer, mächtiger und stattlicher. Und obwohl sie, gleich den archaischen Kouroi, eine ruhig stehende, nackte, handlungslose Jünglingsfigur darstellt, unterscheidet sie sich von jenen archaischen Jünglingsfiguren mit der ganzen Entschiedenheit, die die spätarchaische von der *frühklassischen* Zeit trennt.

Die kriegerische Auseinandersetzung mit den feindlichen Persern löste eine unerhörte Anspannung aller schöpferischen Kräfte aus. Das griechische Wesen war aufgerufen,

56 KORENSTATUETTE VON DER AKROPOLIS. Um 510 v. Chr. Athen, Akropolis-Museum Nr. 675. Höhe der erhaltenen Statuette: 55,5 cm. Weißlicher Inselmarmor. Die Bildung des Gesichts mit seinen schrägstehenden Augen, die zierliche, fast kunstgewerbliche Wiedergabe der Gewänder und des Schmuckes, die kunstvolle Verwendung des alabasterartigen Inselmarmors legen den Gedanken nahe, daß es sich bei diesem auserlesenen Stück um eine ionische Arbeit handelt. Man hat sowohl dem Material als auch dem Stil nach an eine Herkunft von der Insel Chios gedacht. Jedenfalls bildet die kapriziöse Figur in der Verfeinerung, ja Zuspitzung ihrer Formen ein besonderes Beispiel spätarchaischer Kunst des ionischen Ostens. Am Ärmelchiton und am Mantel finden sich zahlreiche Farbspuren. Vor allem die Borten des Chitons waren farbig geschmückt. Über den Mantel hin sind Spiral- und Dreieckmuster gestreut. Das Diadem zeigt siebzehn Stiftlöcher, in denen Metallschmuck befestigt war.

seine eigene Art zu behaupten. Die Leistungen der Klassik gewinnen vor diesem Hintergrund unvergänglichen Glanz. Im Jahr 480 v. Chr. fielen die Perser über Athen und seine Akropolis her. Die Tempel wurden entweiht, die Standbilder gestürzt. Der Kritiosknabe von der Akropolis muß vor 480 v. Chr. entstanden sein, da auch er von den Persern gestürzt und zertrümmert wurde. Gleich unzähligen anderen damals beschädigten Statuen und Weihgeschenken wurde er in den folgenden Jahren dem heiligen Boden der Akropolis

57 KROISOS-KOUROS. Fundort: Anavyssos (Attika). Um 530–520 v. Chr. Athen, Nationalmuseum Nr. 3851. Höhe der Figur: 194 cm. Parischer Marmor. Dieses Standbild gehört zu den am besten erhaltenen archaischen Kourosfiguren. Eine Statue voll Leben und Vitalität, voll Anspannung und verhaltener Aktivität steht frontal vor uns, so erfüllt von archaischem Leben, von vorwärtsdrängender Kraft und Bewegung, daß die Gestalt uns unmittelbar entgegenzutreten, uns zu überwältigen scheint. Bei aller Wucht der Erscheinung, bei aller Mächtigkeit der physischen Existenz zeigt die plastische Durchbildung doch eine feine Differenzierung der Formen, eine empfindungsreiche Führung der Konturen. Ein bedeutender Künstler der Blütezeit Athens unter dem Pisistratiden-Geschlecht, von dem wir vielleicht noch weitere Werke besitzen, hat diese prachtvolle reifarchaische Jünglingsgestalt geschaffen. Die Modellierung im einzelnen, besonders des Leibes, läßt sich unmittelbar mit Athletendarstellungen der Vasenmalerei des frühen rotfigurigen Stils, um 530–520 v. Chr., vergleichen.

58 TERRAKOTTAKOPF EINER SPHINX AUS KALYDON (Ätolien). Um 600–580 v. Chr. Athen, Nationalmuseum. Höhe des Kopfes: 21,5 cm. Fragment eines Eckakroters, in Gestalt einer hockenden Sphinx. Die riesigen Augen des fast lebensgroßen, strengarchaischen Kopfes werden von weitgeschwungenen, scharfkantigen Brauen gerahmt. Die Augen tragen eine übergroße, schwarze Scheibe in der Mitte, der ein weißer Kreis einbeschrieben ist, der wohl die Pupille umgrenzen soll. Dieses, das ganze Gesicht beherrschende magische Augenpaar ist der kubischen Form des Kopfes fest eingefügt. Die breite, kräftige Nase, das vorspringende Kinn mit dem eingekerbten Mund darüber, die abstehenden Ohren und die Giebelform der gewellten Stirnhaare verleihen dem Antlitz die feste Ordnung einer Architektur, so wie die Sphinx selbst als Akroter Teil eines Bauwerks war. Nach dem Ton und der Technik, auch nach der Art der Bemalung, darf man die schöne Terrakottasphinx einer der berühmten Werkstätten von Korinth zuschreiben.

59 KOPF EINER MARMORSPHINX. Um 570 v. Chr. Athen, Kerameikos-Museum. Höhe: 60 cm. Hymettischer Marmor. Ebenmäßig und still fügen sich die Augen mit den flach geschwungenen, eingravierten Brauenbögen dem gerundeten Gesicht ein. Mit zarten Übergängen erfolgt die Durchmodellierung des Gesichts. Schmuckfreude prägt die Frisur. Die attische, reifarchaische Sphinx bekrönte ein hoch aufragendes Grabmal in Form einer Stele mit weit ausladendem Pfeilerkapitell. Sowohl an der hockenden Sphinx wie an dem mit einem großen Lotosornament gezierten Kapitell der Stele finden sich zahlreiche Farbspuren.

60/61 KRITIOSKNABE. Vor 480 v. Chr. Athen, Akropolis-Museum Nr. 698. Höhe der erhaltenen Gestalt: 86 cm. Parischer Marmor. Der Körper wurde schon 1865 südöstlich vom Parthenon, der Kopf 1888 weiter östlich im sog. „Perserschutt“ gefunden. An der Zugehörigkeit des Kopfes zum Körper ist nicht zu zweifeln. Die Statue, besonders ihr Kopf, zeigt einen ausgesprochenen Bronzestil, der in Marmor umgesetzt wurde. Neu und bahnbrechend ist vor allem der Stand der Figur, bei dem das straff durchgedrückte, säulenartig emporgeführte linke Standbein so deutlich unterschieden ist vor dem gelockert vorgewinkelten, rechten Spielbein. Das von verhaltenem Ernst erfüllte frühklassische Standbild des Strengen Stils offenbart den Geist der Epoche zwischen den Schlachten von Marathon und Salamis.

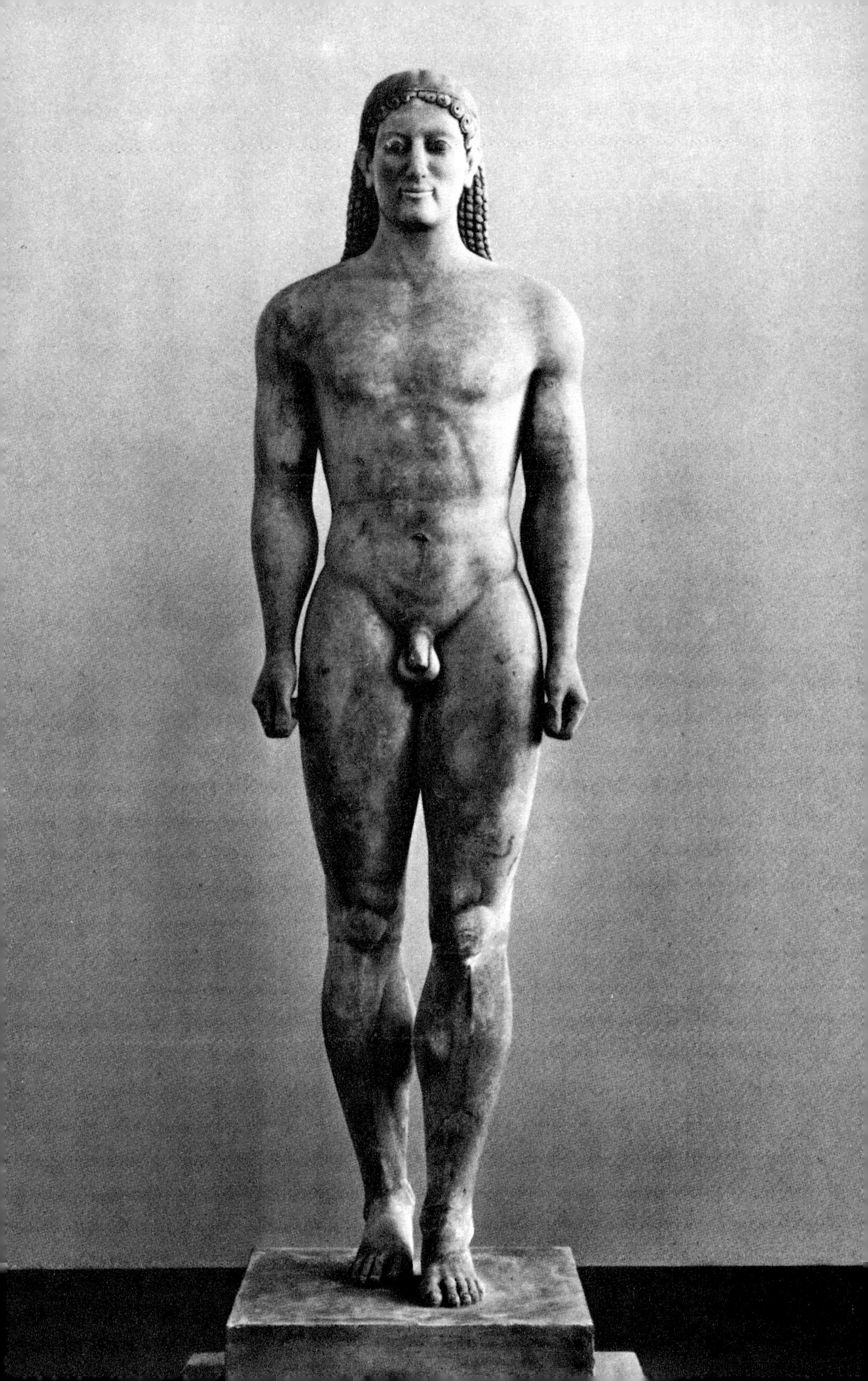

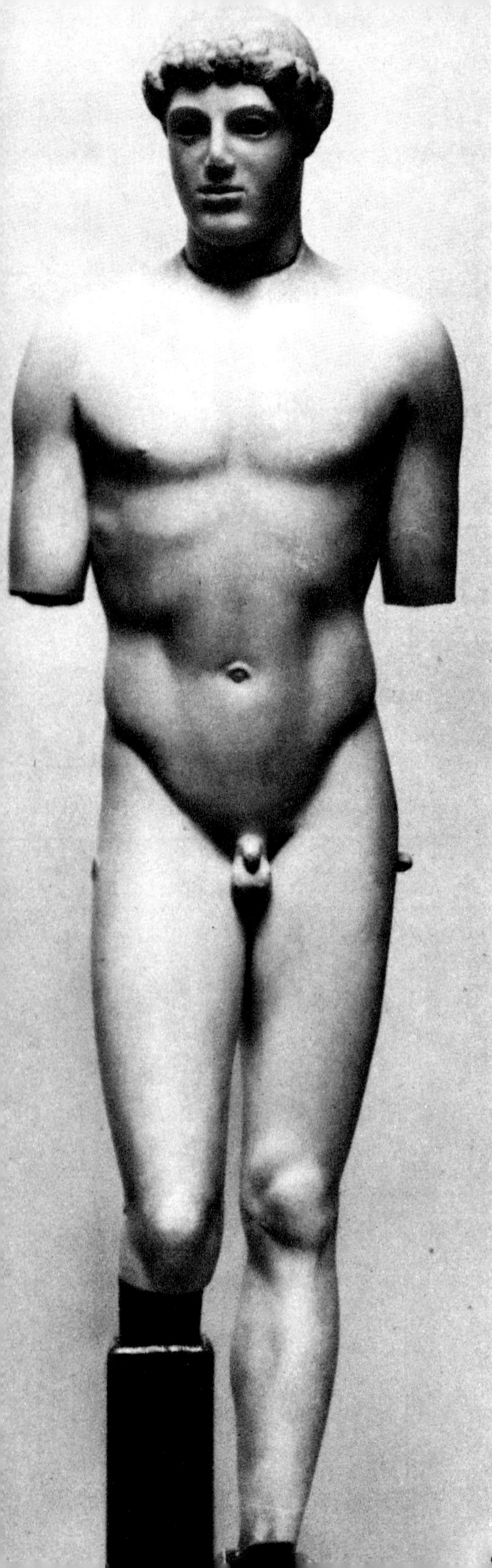

60 ◁

61 ▷

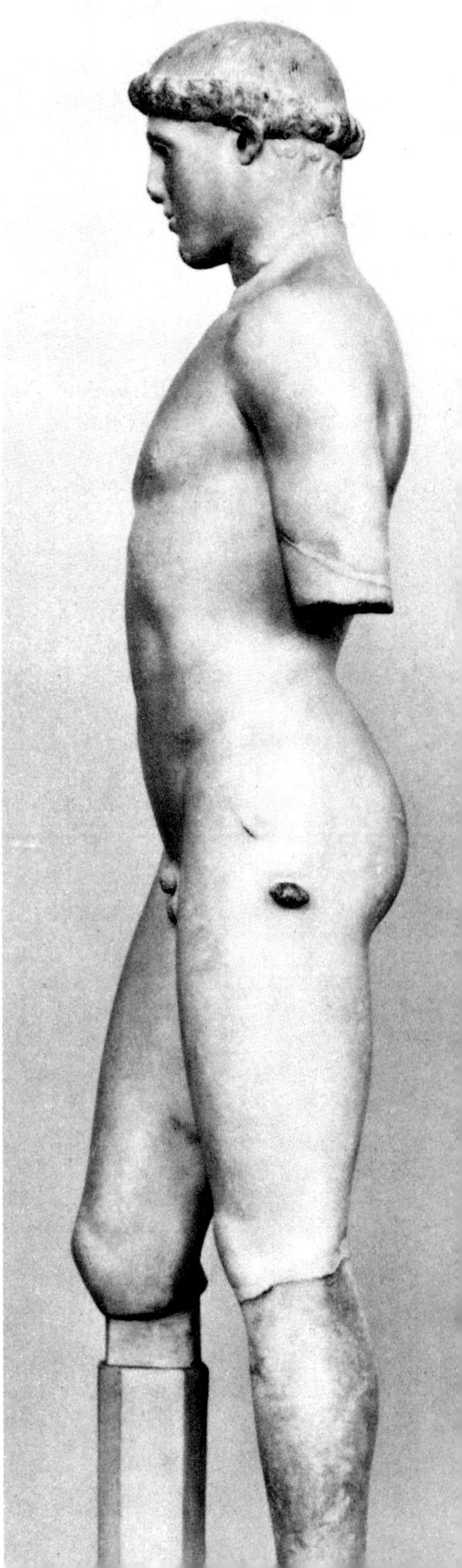

anvertraut und gewissermaßen beigesetzt. Er kann jedoch nicht lange vor jenem Schicksalsjahr entstanden sein, denn er hat sich in so entscheidender Weise von der festen Formel des archaischen Kouros freigemacht, daß er, gleichsam in die Zukunft blickend, den Beginn einer Entwicklung darstellt, die mit der Mitte des Jahrhunderts den Zenit der hohen *Klassik* erreichen und noch in den weiteren Jahrzehnten der späten Klassik nachwirken sollte.
Der Gegensatz von Stand- und Spielbein wird vor allem in der seitlichen Ansicht (Abb. 61) deutlich. Diese Unterscheidung bewirkt eine leichte, aber doch markante Schräglagerung des Beckens. Ein Ausgleich dieser Schrägstellung des Rumpfes findet sich erst in den Schultern, die zur Waagrechten zurückkehren. Ein weiterer kühner Griff des Bildhauers ist die knappe Wendung des Kopfes zur Rechten, die eine Durchbrechung der bisher streng gewahrten archaischen Frontalität bedeutet. Noch sind bei der Figur beide Arme durch kurze Marmorstege dem Körper verbunden, beide Füße mit voller Sohle aufgesetzt. Aber die Arme sind nicht mehr auf beiden Seiten genau gleichmäßig straff herabgeführt wie bei den archaischen Kouroi. Sie sind vielmehr in ihrer Haltung differenziert, der linke im Oberarm deutlich zurückgenommen und daher im Ellbogen leicht gewinkelt, der rechte senkrecht und daher tiefer herabgeführt. Der Kopf wurde wohl von einem – heute verlorenen – runden Reif aus Metall umschlossen, um den sich in dichten Abständen Haarsträhnen wanden. Durch diesen gleichmäßig gegliederten, rundum laufenden Wulst wird der Oberkopf mit seinen vom Scheitelpunkt nach allen Seiten herabgestrählten Haaren scharf abgegrenzt, das Gesicht über Stirn und Schläfen wie von einem schweren Gesims gekrönt. Während wir bei dem *Athenakopf aus dem Ägina-Ostgiebel* (Abb. 62) den *Strengen Stil* in einer stillen Ordnung der Gesichtsteile noch in anfänglicher Zurückhaltung am Werk sehen, ist das Gesicht des Kritiosknaben in schwerer Kompaktheit angelegt und mit einer starken plastischen Kraft gegliedert und gebaut. Der schmale, fest geschlossene Mund bringt einen abweisenden, das tief unter der vorgebauten Stirn lagernde Augenpaar einen trotzigen Zug zum Ausdruck, der durch die herrische, knappe Kopfwendung verstärkt wird. Auch hier ist die von Lebenskraft erfüllte, vitale Erscheinung des archaischen Kouros einer freieren, zugleich gesammelten Haltung gewichen. Ein neuer Ernst, ein neues Gefühl der Verantwortung dem eigenen Sein, der eigenen Zeit gegenüber ist in diesem jungen Epheben erwacht und gestaltet, dessen Weihung auf der Akropolis in Athen in der Zeit zwischen den entscheidenden Schlachten von Marathon (490 v. Chr.) und von Salamis (480 v. Chr.) geschah. Ein Jahrzehnt später begannen die Arbeiten am *Zeustempel von Olympia*, dessen Giebel mit den beiden gewaltigen Kompositionen der sog. Olympiaskulpturen geschmückt waren. Die Bauzeit des Tempels dauerte von 470–456 v. Chr. Während der *Ostgiebel* als Thema die Vorbereitung der Wettfahrt des Königs Oinomaos mit Pelops zum Gegenstand hatte, war im *Westgiebel* das alte Thema der Kentauromachie, des Kampfes der Lapithen mit den die Hochzeit des Peirithoos störenden Kentauren, in dramatischen Szenen entwickelt. Die Komposition dieses Westgiebels gehört zu den spätesten Tempelskulpturen von Olympia und wird von 460–456 v. Chr. entstanden sein. Die Mitte des Kampfgetümmels beherrscht die hochaufragende, nackte Gestalt *Apollons*, der seinen

Kopf nach rechts hin wendet, wohin auch der rechte Arm in gebietendem Gestus ausgereckt ist (Abb. 65). Das Haupt dieser königlichen Göttererscheinung ist in vorzüglicher Erhaltung auf uns gekommen, vor allem auch die Oberfläche des Marmors, und läßt sich trotz seiner so viel größeren, wuchtigeren Gesamtform doch in der schweren Bildung des Umrisses und den strengen Einzelformen, die auch diesem Antlitz einen hohen Ernst verleihen, dem Kritiosknaben vergleichen. Von der Wut und Wildheit des Kampfes dagegen legt die Gestalt einer *Lapithin* aus diesem Westgiebel Zeugnis ab, die – ins Knie gebrochen – sich dem Zugriff eines nach links bewegten Tiermenschen zu entziehen sucht (Abb. 69).

Großartig ist das gewaltige Pathos der *Olympiaskulpturen* in den mächtigen Leibern der Kämpfenden, dem schwerflüssigen Stil ihrer Bewegungen und Gewandungen verkörpert. Der Schöpfer dieses Stils, der Meister der Olympiaskulpturen, ist uns nicht nur dem Namen, sondern auch seiner landschaftlichen Herkunft und Zugehörigkeit nach völlig unbekannt.

In die Zeit um 475–470 v. Chr., da die Arbeit an den Olympiaskulpturen begann, gehört eine orginale, überlebensgroße Bronzestatue, der berühmte *Wagenlenker von Delphi* (Abb. 66/67). Er wurde mit den zugehörigen Resten eines Wagens, der Deichsel und des Joches für die Pferde sowie mit Fragmenten von Pferdebeinen und einem Pferdeschweif im Jahre 1896 in Delphi ausgegraben. Die Statue ist nicht nur das bedeutendste Denkmal im Museum in Delphi, sondern bildet darüber hinaus eine der seltenen Ausnahmen einer überlieferten *originalen Bronzefigur klassischer Zeit.* Von der großen Zahl der gerade im 5. Jh. gefertigten und geweihten griechischen Bronzestatuen wurden die meisten ihres kostbaren Materials wegen in späterer Zeit, vor allem im Übergang von der Spätantike zum frühen Christentum, eingeschmolzen. Ein besonders schönes Beispiel aus der Zeit des *Strengen Stils* ist uns wenigstens in dieser Figur des Wagenlenkers erhalten. Sie bildete den Hauptteil eines großen Monumentes, das außer dem Wagenlenker den Wagen selbst und seine vier Rosse, zudem noch einen knabenhaften Rosseführer mit einem Pferd darstellte. Dieser *frühklassische* Wagenlenker ist in der säulenhaften Geschlossenheit seines schlanken, hochaufragenden Körpers mit dem lang herunterhängenden, über der Brust geschnürten Wagenlenkergewand das großartige Beispiel einer Einzelplastik des Strengen Stils. Eindrucksvoll wird die hohe Gestalt von der knappen Kugelform des Hauptes gekrönt (Abb. 66). Wenn sich beim Kritiosknaben, besonders seinem Kopf, eine Verwandtschaft mit Erzbildnerei feststellen läßt, so ist uns hier ein originales Beispiel der knappen, präzisen, reich detaillierten Sprache solcher Erzgießerkunst erhalten. Besonders charakteristisch ist die Wiedergabe der Haare oberhalb der Binde, wo sie über die Schädelkalotte hin in zahllosen kleinen, sichelförmigen Spitzen verteilt sind, die so nur in Ton modelliert und dann in Erz gegossen erscheinen können.

Charakteristisch ist auch die fast freiplastische Bildung der Ringellöckchen, ja der ganzen Haarpartie vor den Ohren. Eine außerordentliche Wirkung verleihen dem Antlitz die wohlerhaltenen, aus verschiedenen Steinen gebildeten Augen. Ihr starker Blick belebt die ehernen Züge des Gesichts, gibt ihm eine faszinierende Wirkung.

Der delphische Wagenlenker wurde im Heiligtum nördlich des Apollontempels und der Heiligen Straße, südlich des Theatergebäudes und der oberen Terrasse gefunden. Während die Figur selbst sehr gut erhalten ist, waren die zugehörigen vier Pferde fast vollständig zertrümmert. Vermutlich wurde die ganze Gruppe schon in der Antike an ihrem Standort von einem Felssturz getroffen und eben dort „beerdigt", wobei auch ein Stein der Basis, auf der die Gruppe stand, mit unter die Erde als Teil des Trümmerhaufens kam. Dieser Basisstein enthält eine Weihinschrift, auf der der Name des sizilischen Prinzen Polyzalos genannt wird. Aus anderen Quellen wissen wir, daß dieser junge sizilische Fürst im Jahr 478 oder 474 v. Chr., vielleicht auch in beiden Jahren, im Wagenrennen siegte; allerdings nicht in eigener Person, da sein fürstliches Gespann in seinem Auftrag von einem Wagenlenker zum Sieg geführt wurde. Da wir dem Stil nach die Gestalt des Wagenlenkers um 470 oder kurz davor datieren müssen, ist es sehr wahrscheinlich, daß die Bronzegruppe unmittelbar nach dem Sieg von 474 v. Chr. errichtet wurde. Wir haben bisher aus der Zeit der ersten Generation des 5. Jh. und des sog. Strengen Stils nur originale Bildwerke kennengelernt: den Athenakopf aus dem Ostgiebel des Äginatempels (Abb. 62), den Kritiosknaben (Abb. 60/61), den Apollon (Abb. 65) und die niedergebrochene Lapithin vom Westgiebel in Olympia (Abb. 69) sowie die Bronzestatue des Wagenlenkers von Delphi (Abb. 66/67). Demgegenüber ist uns eine *Peplosstatue* des hohen Strengen Stils, die sog. *Kandiafigur*, nur in einer römischen Kopie bekannt (Abb. 68). Doch gibt sie trotz ihrer Umsetzung in Stein und ihrer kalten, römischen Technik eine deutliche Vorstellung von Art und Stil einer weiblichen Statue der Zeit um 470 v. Chr. Allerdings ist die stilistische Verbindung mit der vorhergehenden Generation, schon gar der spätarchaischen Kunst der Wende des 6. zum 5. Jh. vollständig abgebrochen. Waren die spätarchaischen Mädchenfiguren durch ihre Tracht, das schräg getragene Mäntelchen und den zierlichen Chiton, Musterbeispiele der verfeinerten Kultur des zu Ende gehenden archaischen Zeitalters, so ist diese Peplosfigur des Strengen Stils ein wahrhaft monumentales Zeugnis einer neuen, heroischen Epoche. In einer argivischen Erzgießerwerkstatt der Zeit der Olympiaskulpturen muß das Original geschaffen sein, nach dem die römischen Kopien gefertigt wurden.

Einer der berühmtesten Erzgießer des Strengen Stils und wohl auch noch der hohen Klassik war *Myron*. Sein Diskuswerfer mag in der Antike nicht berühmter gewesen sein als andere Schöpfungen seiner Hand und Werkstatt: die bekannte Gruppe der Athena mit dem Marsyas und die vielleicht noch berühmtere Darstellung einer Kuh. Uns ist der *Diskuswerfer* durch viele römische Nachbildungen aus Stein und Erz bekannt. Eine Bronzestatue der Münchner Antikensammlungen zeigt zwar die Einzelheiten wenig getreu, den Kopf sogar stark verändert im Charakter eines Porträts (Abb. 98/99). Dennoch gibt diese Statuette bei ihrer guten Erhaltung einen lebhaften Eindruck von der hinreißenden Wirkung, die das verlorene große Original einmal besessen haben muß. Um die Mitte des Jahrhunderts, an der Schwelle zur hohen Klassik der phidiasischen Kunst, wird das kühne Originalwerk des großen Myron entstanden sein.

Dem gleichen Jahrzehnt oder der *frühklassischen* Zeit um 460 v. Chr. entstammen die Metopen eines Tempels in Selinunt, den wir Tempel E oder – mit einiger Berechtigung – „Heratempel" nennen. Von den zwölf Metopen, die einst in Gruppen von je sechs die Stirnseiten der Cella schmückten, sind fünf einigermaßen gut erhalten. Von den weiteren Metopen sind einige Köpfe auf uns gekommen. Die Metopenplatten und ihr Relief bestehen aus einheimischem Kalkstein, der zwar mit einer Stuckschicht überzogen war wie der gesamte Kalksteintempel, aber doch durch Regen und Meersalz stark gelitten hat. Die nackten Teile der weiblichen Figuren aber, Köpfe, Füße und Hände, waren aus kostbarem, wahrscheinlich importiertem parischem Marmor gefertigt. Die Metopen befanden sich wie am Zeustempel in Olympia nicht im Gebälk der Ringhalle, sondern im Gebälk über den Stirnseiten der Cella. Die großartigste dieser Metopen war – zusammen mit einer anderen – über dem Säulenpaar angebracht, durch das man in den Vorraum der Cella (Pronaos) und weiterhin durch diesen zur Cellatür schritt. Auf dieser an so bevorzugter Stelle angebrachten *Metope des Heratempels von Selinunt* ist die Liebesbegegnung des höchsten Götterpaares auf dem Berg Ida (Abb. 70/71) dargestellt. Zeus sitzt in lässiger, fast lagernder Haltung auf einem Felsen. Der linke Arm allein stützt, leicht durchgebogen, den in schöner Schwingung emporgeführten, schlanken, fast hageren Oberkörper. Der rechte Arm greift mit weiter Gebärde über die Bildmitte hinaus; die Hand umklam-

62 Athenakopf aus Ägina. Um 490 v. Chr. München, Glyptothek Nr. A 65. Höhe: 31 cm. Der Athenakopf stammt aus dem Ostgiebel des sog. Aphaiatempels von Ägina. Das schöne Oval des Antlitzes ist lang und ebenmäßig entwickelt. Die flach geschwungenen Brauen und die schmalen, horizontal geordneten Augen geben dem Gesicht eine stille, aber bestimmte Gliederung. Die Nasenlänge entspricht genau dem mittleren Drittel des Ovals; der Mund ist weniger breit ausgezogen als bei archaischen Köpfen, von knapper und geschlossener Form. Eine einfache, klare, etwas trockene Ordnung bestimmt sowohl den Aufbau wie den Ausdruck des Kopfes, der von dem neuen Strengen Stil geprägt ist.

63 Kopf einer Akropoliskore. Um 500 v. Chr. Athen, Akropolis-Museum Nr. 696. Höhe: 27,5 cm. Marmor. Der Kopf ist von einem Polos geschmückt, der an seinem unteren Wulst ein Mäandermuster, am oberen Teil ein Palmetten-Lotosmuster trägt. Alles an diesem Gesicht ist klare, präzise Form, feste Modellierung der Oberfläche, gegliederter Aufbau. Eine gewisse starre, festgelegte Formensprache, wie sie etwa in den drei Schichten der Haare deutlich wird, zeigt, daß das Werk der spätesten Zeit der archaischen Kunst zugehört.

64 Kopf einer Akropoliskore. Um 500 v. Chr. Athen, Akropolis-Museum Nr. 643. Höhe: 13 cm. Parischer Marmor. Der beseelt wirkende Kopf zeigt einen erlesenen spätarchaischen Stil bei überaus subtiler Behandlung des Marmors mit weich modellierenden Übergängen. Die vielen Stift- und Dübellöcher dienten zur Befestigung eines metallenen Kopfschmukkes, der wohl aus Blüten bestand.

65 Apollon aus dem Westgiebel des Zeustempels von Olympia. Um 460 v. Chr. Olympia, Museum. Höhe des Kopfes: ca. 42 cm. Parischer Marmor. Das Thema dieses Giebels war die Kentauromachie, der Kampf der Lapithen und Kentauren. Die Mittelachse der Komposition wird durch die senkrecht aufwachsende, schlanke Gestalt des Apollon bestimmt. Sein rechter Arm schwebt, straff ausgestreckt, mit beherrschender Gebärde über dem wilden Kampfgetümmel. Sein Kopf ist mit einer großartigen Wendung voll verhaltenem Pathos ebenfalls zu seiner Rechten gewendet. Die klaren, großen Formen, in denen das Antlitz aufgebaut ist, sind ein hervorragendes Beispiel der Zeit des hohen Strengen Stils und zugleich eine besonders reife, wohl späte Leistung dieses Meisters der frühen Klassik (vgl. auch Abb. 69).

▷ 64

63

▷ 65

mert mit festem Griff das Handgelenk des emporgehaltenen linken Arms der vor ihm stehenden, hoheitsvoll sich offenbarenden Göttin. Eine bedeutende *unteritalische* Werkstatt hat diese und die übrigen Metopen des Heratempels von Selinunt in dem Jahrzehnt vor der Mitte des 5. Jh. v. Chr. geschaffen.

Die volle Freiheit der *hohen Klassik* aber, wie sie mit der Mitte des Jahrhunderts heraufzieht, zeigt die herrliche *Bronzestatue eines Gottes*, die vor der Nordspitze der Insel Euböa, beim Kap Artemision, aus einer Meerestiefe von 40 m geborgen wurde (Abb. 76). Untadelig erhalten, gibt sie Aufschluß über Maß und Freiheit einer hochklassischen Komposition sowie über die Könnerschaft eines großen Bronzebildners, die von jeder Einzelheit des mächtigen Leibes und seiner Glieder abzulesen ist. Die weitgespannten Arme schweben in vollkommenem Gleichgewicht. Das königliche Haupt mit reicher Frisur und dichtem Bart steht nicht in vollem Profil über dem Körper, sondern erreicht mit seiner leichten Wendung kaum das Dreiviertelprofil. Der das Ziel anvisierende Blick war einst durch die farbig eingesetzten Augen zu lebendiger Wirkung gebracht. Auch der mächtige Rumpf steht in einer leichten Schrägstellung, so daß seine linke Hälfte verkürzt, die rechte in breiter Entfaltung und schöner Wölbung zur Flanke hin erscheint. Klar und kraftvoll ist die Durchgliederung des Leibes, die Abhebung über den Hüften und am Unterleib herausmodelliert. Der weite, elastische Stand der Beine läßt sich ebenso als ruhige Bewegung des Schreitens wie als bewegte Ruhe der Balance deuten. Eine der ersten großen klassischen Schöpfungen aus der Mitte des Jahrhunderts steht in dieser Göttergestalt vor uns. Sie wird eher *Poseidon* mit dem Dreizack als Zeus mit dem Blitzbündel im Kampf mit Gegnern des Olymp darstellen. Eine sichere Aussage über Art und Namen des klassischen Bildhauers, der dieses Meisterwerk geschaffen hat, läßt sich nicht machen. Vielen großen Bronzebildnern dieser Zeit – Onatas, Kalamis und Myron – wurde sie zugeschrieben, ohne daß wir hierfür gültige Beweise besäßen.

Etwas günstiger liegt die Frage der Meisterbenennung bei einem Apollontypus, von dem zahlreiche Repliken der ganzen Statue wie des Kopfes auf uns gekommen sind. Wir nennen ihn nach der am besten erhaltenen Kopie den *Kasseler Apoll.* Vom Kopf dieses aus Bronze gearbeiteten, verlorenen Götterbildes, das vermutlich von dem berühmten Bildhauer *Phidias* stammte, zeugt am lebendigsten eine Wiedergabe, die sich in Florenz im Palazzo Vecchio befindet (Abb. 72). Mag auch der römische Kopist, der ein Meister seines Faches war, seiner Wiedergabe des Bronzeoriginals manchen virtuosen Zug, manche gesteigerte Form verliehen haben, das große Ethos jenes Originals, die verhaltene Leidenschaft apollinischen Wesens kommt selbst in der flammenden Sprache seiner Wiederholung herrlich zu Wort. Die marmorne Kühle mag dabei mehr der römischen Kopistenart als dem Wesen des Gottes der klassischen Prägung zugeschrieben werden.

Zwei Werke waren es vor allen anderen, die den Ruhm des *Phidias* durch alle griechischen Lande und alle Jahrhunderte antiker Kultur verbreiteten: der *Zeus in Olympia* und die *Athena Parthenos* auf der Akropolis von Athen. Beide waren „chryselephantin“, d. h. aus Gold und Elfenbein gefertigt, riesige Standbilder, der Zeus in der Tiefe der Cella thronend, die Athenastatue von der Hinterwand der Cella abgerückt, von einem zweigeschossigen Gehege von Säulen umgeben, frei im Raum stehend (Abb. 133). Beide Kultbilder waren allein schon ihrer Technik nach Wunderwerke, so daß die Statue des Zeus in Olympia zu den Weltwundern gezählt wurde, deren es freilich mehr gab als nur sieben. Die Originale dieser beiden Kultbilder sind uns verloren; weder die komplizierte, empfindliche Technik noch der Reichtum an Gold, das für das Faltenwerk gebraucht wurde, ließen ihre Erhaltung über die Zeit der antiken Kultur hinaus zu. Beide Werke sollen – nach einer legendären Überlieferung – in der Spätantike, im 4. oder 5. Jh. unserer Zeitrechnung, nach Konstantinopel überführt worden sein, um dort die neue Kaiserstadt des byzantinischen Reiches zu schmücken.

Von der *Athena Parthenos* sind uns zahlreiche römische Kopien erhalten, allerdings von verschiedenem Maßstab, verschiedener Qualität und Aussagekraft. Eine der sorgfältigsten und getreuesten Kopien – im Maßstab auf ein Zehntel des Originals reduziert – ist eine römische Statuette, die bei dem modernen Gymnasium Varvakion in Athen gefunden wurde und daher die *Varvakionstatuette* genannt wird (Abb. 73/74). Sie gibt, entsprechend ihrem kleinen Maßstab, nur einen Auszug von dem reichen Schmuck des Kultbildes. Doch erkennen wir am Oberkörper die kragenartige Ägis, die Schultern und Brust bedeckt, erkennen die sorgfältig verteilten kleinen Schlangen an ihrem Rand, das Schuppenmuster ihrer Oberfläche und das Bild der Gorgo, das wie eine Schließe beide Hälften mitten vor der Brust zusammenhält. Das schwer gerundete, großgebaute Antlitz scheint auch in der routiniert gearbeiteten römischen Kopie noch etwas vom Schmelz des Elfenbeins zu enthalten, mit dem die nackten Teile dargestellt waren. Der attische Prunkhelm, den die Göttin trägt, zeigt über der Stirn einen geschweiften Stirnbügel, oberhalb der Ohren rechts und links schräg abstehend die zu einem dekorativen Schmuck gewordenen, mit Relief – ursprünglich in Gold – geschmückten Wangenklappen. Die obere Wölbung des Helms trägt den überreichen Schmuck von drei Helmbüschen. Der mittlere, höchste wird von einer gelagerten Sphinx getragen; die beiden seitlichen je von einem Flügelpferd, einem Pegasos. Wir wissen, daß das Kultbild der Athena Parthenos im Jahr 438 v. Chr. in der Cella des Parthenon aufgestellt wurde, wissen damit, daß es in den Jahren 448–438 ausgeführt wurde. Es steht im Zenit der klassischen Kunst und der Schaffenszeit des Phidias, der erst anschließend, in der zweiten Hälfte der dreißiger Jahre und der ersten Hälfte der zwanziger Jahre, das noch berühmtere Kultbild des *Zeus in Olympia* schuf. Der riesige Komplex der *Parthenonskulpturen* wurde im Jahr 432 v. Chr. vollendet. Wenn auch kein Zweifel besteht, daß *Phidias,* dem die Oberleitung über den gesamten Bau und seine bildhauerische Ausschmückung durch Perikles übertragen worden war, auf die Gestaltung dieser Parthenonskulpturen den stärksten Einfluß ausgeübt hat, so können wir doch seine Mitarbeit in einem greifbaren Sinn nicht erkennen und bestimmen.

Die Geschichte der Plastik des Strengen Stils ist uns sowohl für die Landschaften des Peloponnes wie für Attika durch zahlreiche *Einzelstatuen* bekannt, jedoch zum überwiegenden Teil nur durch römische Kopien. Auch lassen sich einige dieser Werke aufgrund ihres Stils oder der literarischen Überlieferung unter dem Namen berühmter Meister – des *Myron* etwa oder des *Kalamis* – vereinigen. Sehr viel geringer ist dagegen die Zahl

66/67 WAGENLENKER VON DELPHI. Um 470 v. Chr. Delphi, Museum. Höhe: 180 cm. Bronze. Die Statue des Rosselenkers ist etwas überlebensgroß und ragte, auf dem Wagen stehend und etwa in ihrem unteren Viertel vom Wagenkorb verdeckt, steil empor. Die Pferde des Viergespanns scheinen nach den Resten natürliche Größe gehabt zu haben. Die Figur ist durch ihre Tracht, einen Chiton, der in der Taille gegürtet, am Oberkörper mit kreuzweise geführten Bändern befestigt ist, als Wagenlenker gekennzeichnet. Sie ist in ihrem Stand von den Füßen aufwärts langsam zu ihrer rechten Seite hin gedreht, so daß der Kopf etwa in Dreiviertelansicht erschien. Dieses originale Kunstwerk aus der Zeit des frühklassischen Strengen Stils läßt vorzüglich die hochentwickelte Technik der Bronzebearbeitung erkennen.

68 PEPLOSSTATUE, SOG. KANDIAFIGUR. Römische Kopie; das verlorene Original stammte aus der Zeit um 470 v. Chr. Rom, Museo Nazionale delle Terme. Höhe: 180 cm. Parischer Marmor. Der Typus dieser Peplosfigur wird nach einer mit Kopf erhaltenen Replik im Museum von Kandia auf Kreta benannt. Dieser vorzüglich gearbeiteten Körperreplik ist der Abguß einer Kopfreplik, die im Lateran aufbewahrt wird, aufgesetzt. Dem strenggeschlossenen, hochrechteckigen Umriß der Gestalt entspricht die strenge tektonische Gliederung des Aufbaus. Die einzige horizontale Teilung bildet der waagrechte Bausch und der knapp darüber parallellaufende Saum des Überfalls. Nur einige wenige, scharfgratige Falten gliedern das Gewand am Oberkörper; die kubische Gesamtform wird durch keine Bewegung und Aktion gestört. Das schwere Oval des Untergesichts findet seine großartige Entsprechung in der schweren Giebelform der Haare, die dicht gebauscht vom Scheitel zu den Schläfen herabgeführt sind. Die Verwandtschaft dieses Statuentypus mit weiblichen Terrakottafiguren, die in Argos gefunden wurden, macht es wahrscheinlich, daß das verlorene Original ein berühmtes Erzwerk aus einer argivischen Erzgießerschule und damit eines der bedeutendsten Werke des Strengen Stils war.

69 LAPITHIN AUS DEM WESTGIEBEL DES ZEUSTEMPELS VON OLYMPIA. Um 460 v. Chr. Olympia, Museum. Die Figur stammt aus einer der Kampfgruppen der Kentauromachie. Der Kentaur, dessen Vorderkörper in die Knie gegangen ist, tritt mit dem linken Hinterhuf in den Schoß der Frau, während seine Linke ihr ins volle Haar greift, um sie zurück- und auf seinen Pferderücken zu reißen. Der schwerflutenden Masse des Haares entspricht das große, fast klotzig gebildete Antlitz der Frau, das in schmerzlicher Neigung nach vorn sinkt. Ihr Körper zeichnet sich vor allem in den langen, gegensätzlich bewegten Beinen kraftvoll durch das dichte, deckende Gewand ab (vgl. auch Abb. 65).

70/71 METOPE DES HERATEMPELS VON SELINUNT. Hera und Zeus auf dem Berg Ida. Kopf des Zeus (Detail). Um 460–450 v. Chr. Palermo, Museo Nazionale. Maße: 162 × 104 cm. Die Metopen des Heratempels in Selinunt (sog. Tempel E) sind aus einheimischem Kalktuffstein gearbeitet. Diese Metope saß zusammen mit einer anderen, links von ihr befindlichen, an bevorzugter Stelle über dem Säulenpaar des Vorraums (Pronaos) des Tempels. Dem entspricht auch die Darstellung, die Entschleierung der Göttin Hera vor dem von Liebesverlangen erfüllten Zeus. Hera steht – gleich einer Götterstatue – in einer strengen, wie befangenen Haltung vor der locker bewegten, sehnsüchtig sich reckenden Gestalt des sitzenden Gottes. Mit hoheitsvoller Gebärde hebt sie den Schleier von Antlitz und Busen, mit der Rechten seinen Saum greifend. In einer strengen, noch gebundenen Sprache ist diese Szene eindrucksvoll vorgetragen. Sie gibt einer großen Konzeption verhaltenen Ausdruck in einer spröden, oft trockenen Formensprache, bei der Einzelheiten, wie die Gewandfalten, Haare und Barttracht des Gottes, allzusehr festgelegt und erstarrt erscheinen. Doch bildet sie eines der schönsten Beispiele unteritalisch-sizilischer Kunst aus frühklassischer Zeit, wobei die Größe des Entwurfs und seiner Gesinnung trotz der gewissen Gebundenheit des Stils mächtig zu Wort kommt.

Gerade diese Metope zeigt, wie die Kunst der Westgriechen, der großen kolonialen Städte Unteritaliens und Siziliens, das überlieferte griechische Erbe archaischer Zeit in die frühe Klassik hinüberzuführen und auf eigene Weise zu wandeln wußte.

67 ◁

68 ▷

◁ 69 ◁ 70 △ 71

von Zeugnissen der *Reliefkunst*, die doch in archaischer Zeit in allen griechischen Landen eine reiche Blüte erlebt hatte. Im Peloponnes scheint diese Kunst, mit Ausnahme von tektonischen Reliefs, in der ersten Hälfte des 5. Jh. langsam erloschen zu sein. Aus Attika kennen wir nur einige wenige *Weihreliefs*, da die Gattung der *Grabreliefs* hier erst in der zweiten Hälfte, also nach der Zeit des Parthenonfrieses und unter seiner Einwirkung, wieder zur Blüte kam. Um so reicher aber lebte zur Zeit des Strengen Stils die Reliefkunst auf den Inseln der Ägäis auf. Hier entstand, vielleicht auf der *Insel Paros*, jene herrliche, beseelte *Grabstele eines Mädchens*, die einst im Besitz der *Giustiniani* in Venedig war und vor 100 Jahren in das Berliner Museum kam (Abb. 77/78). Die *Akanthusblätter* des *Palmettenakroters* dieser Stele sind die frühesten, die wir in der Geschichte der griechischen Ornamentkunst kennen. Wie verschiedenartig und reich sich durch das 4. Jh. hin bis zum Ende der Klassik diese Form des *Palmettenakroters* entfalten sollte, zeigen zwei bedeutende Beispiele der zweiten Hälfte des 4. Jh., die sich im Metropolitan Museum in New York befinden (Abb. 79/80). Aus der Zeit der Mädchenstele Giustiniani stammt ein kostbares Relieffragment, das neuerdings in das Nationalmuseum in Athen gekommen ist. Vorher war es auf Melos in Privatbesitz und stammt ohne Frage von dieser Insel. Das *Tondorelief aus Melos* (Abb. 75) hat merkwürdigerweise Rundform, seine Oberfläche ist zudem noch konvex, schildförmig gewölbt. In einer flachen, überaus zarten Reliefgebung ist auf dieser Wölbung ein weiblicher Kopf angebracht, dessen reiches, sprechendes Profil nach rechts gewendet ist. Links hängt auf den zierlichen Nacken hinunter ein breiter Schopf. Das Ohr ist nur zum Teil ausgeführt, da vor ihm, nach Ausweis eines Stiftloches, eine begrenzte Haarmasse oder Haarsträhne angesetzt war. Der Kopf füllt mehr als die Hälfte des Rundes aus; man kann also auf seiner anderen Seite nicht etwa einen ähnlichen Kopf ergänzen, eher nur eine Hand, die, emporgehoben, vielleicht eine Blüte hielt. Aufgrund der völlig singulären Medaillonform mit der Darstellung eines einzelnen Frauenkopfes darf man vermuten, daß es sich um eine Darstellung der *Mondgöttin Selene* handelt, wobei das Rund des Hintergrundes die Mondscheibe bedeutet.

Mit der Errichtung des *Parthenon* (448–432 v. Chr.) und der Ausführung seines überaus reichen Skulpturenschmuckes beginnt für die attische Plastik, insbesondere für die attische Reliefkunst, eine neue Phase: der *hoch- oder reifklassische Stil* (Abb. 119, 132). Er beherrschte das dritte Viertel des 5. Jh., während sich im letzten Viertel der *spätklassische Stil* entwickelte, der bis weit ins 4. Jh. hinein Geltung hatte. Der plastische Schmuck des *Parthenon* gliedert sich in drei große Komplexe: den Zyklus der *Metopen*, die in einer Zahl von 92 Platten den Außenbau umzogen, den *Parthenonfries*, der den obersten Abschluß im Aufbau der Cella darstellte; und die beiden riesigen *Giebelkompositionen*, die an der östlichen und der westlichen Stirnseite des Baues die Giebelfelder füllten. Zur Ausführung dieser drei durchaus selbständigen Komplexe von Skulpturen, deren jeder ein umfangreiches Vorhaben darstellte, bedurfte es einer genauen künstlerischen Planung, einer weitgespannten technischen Organisation. Mit dem Baubeginn des Parthenon im Jahr 448 wurde gewiß auch mit den Metopen angefangen, die etwa um 440 v. Chr. fertig gewesen sein werden, da 438 die horizontale Decke des Parthenon gelegt und die Statue der Athena Parthenos in der Cella errichtet war. Für die 92 Metopen mußten zunächst einmal die Themen festgelegt werden, die dargestellt werden sollten. Die Reihen der *Metopen*, je 14 an den Schmal-, je 32 an den Langseiten des Baues, tragen an jeder der vier Seiten ein eigenes Thema vor. An der Hauptfront im *Osten* ist der *Kampf der Götter und Giganten* wiedergegeben; an der gegenüberliegenden *Westseite* der *Kampf der Athener mit den Amazonen*. Auf der *Nordseite* war in langgestreckter Folge der Tag der *Eroberung und Zerstörung Trojas*, die Iliupersis, geschildert, an der *Südseite* der *Kampf der Lapithen und Kentauren*. Von diesen *Metopen der Südseite* sind uns verhältnismäßig viele erhalten, die sich fast alle im Britischen Museum in London befinden. Auf den fast quadratischen Platten (Höhe 1,34 m; Breite 1,27 m) ist jeweils ein Kämpferpaar dargestellt, ein Kentaur mit Pferdekörper und menschlichem Oberleib und ein jugendlich-athletischer Lapithe. Die künstlerische Qualität der einzelnen Kampfszenen ist recht verschieden. Schon von der Komposition her läßt sich oft ein konventioneller oder befangener Entwurf von einem großzügigen deutlich unterscheiden, dem dann in fast allen Fällen auch die Ausführung entspricht. Das macht deutlich, daß die Anweisungen eines übergeordneten Meisters, dem die Aufteilung des gesamten Metopenbestandes nach Themen oblag, nur sehr allgemeiner Natur gewesen sein können. Es hatte daher jeder einzelne ausführende Künstler weitgehend freie Hand, sowohl für den Entwurf eines Metopenbildes als auch für seine künstlerische Ausführung im einzelnen Eine der schönsten *Kampfszenen* zeigt die beiden Gegner in einer weitgespannten, *hochklassischen Komposition* (Abb. 81). Der Lapith ist fast übergroß gebildet im Verhältnis zu dem kleineren, zusammengekrümmten Kentauren. Der jugendliche Held stemmt den linken Fuß fest auf und packt den Kentauren bei dem Haarschopf. Er hielt vermutlich in der Rechten eine Lanze, mit der er den Tiermenschen im Rücken getroffen hat; er wäre dann im Begriff, diese Lanze wieder herauszuziehen, was die weitgespannte Bewegung dramatisch schildert. Der Kentaur greift mit der rechten Hand nach der Wunde im Rücken. In großartiger Verschränkung treffen sich menschliches und tierisches Wesen zum entscheidenden Kampf.

Der *Parthenonfries* hatte bei einer Länge von 160 m eine Höhe von 1,06 m. Die Höhe der Reliefgebung betrug durchgehend nicht mehr als 5 cm. Dieser Fries stellt über seine ganze Länge hin ein einziges Thema dar: den *Festzug*, den die Athener alle vier Jahre zur Feier der großen *Panathenäen* veranstalteten. An der Westseite sammeln sich die jugendlichen Reiterscharen, die dann im vollendeten Rhythmus der Anordnung an den beiden Langseiten nach Osten hin streben. Vor ihnen bewegen sich in rascher Fahrt oder in ruhigem Schreiten Viergespanne mit Wagenlenker und Hopliten. Die vorderen Enden der Langseiten sind von Gruppen daherziehender Bürger erfüllt, Festgesandtschaften von bärtigen, würdigen Männern, Musikern mit Flöten und Kithara, Führern von Opferrindern. Von Norden und Süden her biegt dann der Fries gleichmäßig zur Ostseite um. Hier ist eine zentrale Komposition aufgebaut, in deren Mitte die Übergabe des Festpeplos an den Priester der Athena dargestellt ist. Anschließend rechts und links sitzen auf Stühlen je sechs olympische Götter, denen Gruppen stehender Männer folgen, auf der rechten Seite vier, auf der linken sechs, in denen man die zehn Phylenheroen erkannt hat. Sie vermitteln zwischen Göttern und Sterblichen, wenn sie auch mit diesen in keine direkte Verbindung gebracht sind. Vielmehr wird die Spitze des Panathenäenzuges, die aus Gruppen von jungen Mädchen mit Opfergeräten in den Händen besteht, sowohl auf dem rechten wie auf dem linken Flügel von Festordnern in Empfang genommen. Gegenüber der tatsächlichen Formierung dieses Zuges, der natürlich in *einer* geschlossenen Säule von den Propyläen über das Burgplateau zur Ostfront des Parthenon zog, ist am Ostfries die kunstvolle Aufteilung in zwei, hier sich zusammenfindende Züge in Kauf genommen. Sie bringt den außerordentlichen künstlerischen Gewinn einer zentralen, nach den Seiten hin gestuften Anordnung mit sich, wobei im Zentrum die stille, heilige Handlung vor sich geht, umrahmt von den Gruppen der Götter und Heroen.

Unter den Göttern der rechten Gruppe befindet sich – zwischen Apollon und Aphrodite – jene schöne weibliche Gestalt, die wir, vor allem aufgrund der Anordnung neben Apollon, ihrem Bruder, als *Artemis* bezeichnen dürfen (Abb. 82). Gerade bei den Göttern des Ostfrieses tritt die feste Reliefgebung durch das größere Format und die ruhige Ausbreitung der Gestalten besonders kraftvoll und lebendig in Erscheinung.

Von den beiden riesigen Figurenkompositionen im Ost- und Westgiebel des Parthenon sind uns nur einige wenige Gestalten erhalten. Sie stammen aus den spitz zulaufenden Giebelzwickeln, wo sie entsprechend dem immer niedriger werdenden Giebelraum als sitzende oder liegende Figuren angebracht und durch die rahmenden Gesimse besser gegen Zerstörung jeglicher Art geschützt waren. Im *Ostgiebel* war die *Geburt der Athena aus dem Haupt des Zeus* dargestellt. Von dem Aussehen der eigentlichen Geburtsszene, die sich in der Mitte des Giebels befand, besitzen wir keine klare Vorstellung. Die Kunde von dem großen mythischen Ereignis verbreitete sich durch den Olymp, und eben dies ist das Thema und die Situation der Götter, die sich nach den Seiten hin aufreihten. So sind uns drei mächtige weibliche Gestalten aus der rechten Hälfte des Giebels erhalten, die sog. *Moiren oder Tauschwestern*, die zu einer großartigen Guppe zusammengeschlossen waren (Abb. 83). Eine lang hingestreckte Liegende ist mit dem Oberkörper in den Schoß einer sitzenden Figur gebettet, die sich in einer lebhaften, fast heftigen Bewegung – Füße und Unterschenkel anziehend, die Knie scharf gewinkelt – über die Liegende neigt mit einer fürsorglich-eindringlichen Haltung des ganzen Körpers. Getrennt von diesen beiden äußeren, aus einem Block gearbeiteten, großen Figuren sitzt – weiter zur Giebelmitte hin – eine dritte, im Oberkörper höher aufgerichtet, mit den Beinen lebhaft agierend. Das rechte Bein ist scharf gewinkelt und im Unterschenkel zurückgezogen, das linke vorgeschoben, im Fuß breit aufgesetzt. Diese auffahrende Bewegung gipfelte in einem Haupt, das vermutlich – wie der rechte Arm – zur rechten Seite der Figur und also zur Giebelmitte hin gereckt und gewendet war. So ist in diesen drei Figuren das Motiv, das von der Szene der Mitte bestimmt war, gleichsam auslaufend zu verfolgen: Die erste, eben betrachtete, wird gerade von der Kunde des großen Ereignisses getroffen; die folgende, sich vorneigende Gestalt ist ganz mit der Lagernden beschäftigt, die – noch vom Schlaf umfangen – kaum erst von der Mitteilung betroffen wird. So großartig eine jede dieser drei Gestalten erscheint, so wenig vermögen wir auch nur eine mit Sicherheit zu benennen. Gerade weil es sich offenkundig nach Inhalt und Form um eine geschlossene Dreieinigkeit handelt, ist die Benennung so schwierig. Auch außerhalb der Reliefbühne des Giebelfeldes und der kräftigen Rahmung durch seine Gesimse folgen diese hochelastischen Gestalten in ihrer Komposition so ganz dem Gesetz der Giebelform, daß sie es noch im freien Raum eindrucksvoll verkörpern. Das gleiche gilt von der gelagerten Gestalt eines nackten Jünglings, der sich an entsprechender Stelle der linken Giebelhälfte befand. Nach dem untergelegten Fell zu schließen, von dem eine Pranke am unteren Rand über dem Felsboden herausschaut, wird es sich dabei um den Gott *Dionysos* handeln (Abb. 84). Er schaut mit erhobenem Kopf und mit zum Gruß erhobener Rechten in das auslaufende Giebelende, in dem sein Bruder Helios mit seinem Viergespann aus den Wellen des Meeres auftaucht. Während von dem Sonnengott nur Kopf, Schultern und Arme, aus dem Wasser ragend, wiedergegeben sind, von dem Viergespann die wild emporgeworfenen Köpfe und ge-

72 Kopfreplik des Kasseler Apoll. Römische Kopie; das Original entstand in der Mitte des 5. Jh. v. Chr. Florenz, Palazzo Vecchio. Höhe von Halsgrube bis Schädelkalotte: 38 cm. Weißer, feinkristalliner Marmor. Der Kopf stammt wohl aus dem Besitz der Medici und damit vermutlich aus Rom. Diese Florentiner Kopie eines berühmten, nach dem am besten erhaltenen Statuentypus in Kassel benannten Apollon gibt das griechische Bronzeoriginal in einer gesteigerten, virtuosen römischen Technik wieder. Das verlorene Original – das vermutlich von Phidias geschaffen war – wird die Formen des Kopfes in einer ruhigeren, gebändigteren, klassischen, aber nicht weniger ausdrucksvollen Sprache wiedergegeben haben.

73/74 Varvakionstatuette. Römische Nachbildung der Athena Parthenos des Phidias. Athen, Nationalmuseum Nr. 129. Höhe mit Basis: 104 cm; Höhe ohne Basis: 94 cm. Weißlicher, wohl pentelischer Marmor. Das berühmte, verlorene Original der Athena Parthenos des Phidias entstand zwischen 448 und 438 v. Chr., als die klassische Kunst ihren Höhepunkt erreicht hatte. Diese Statuette bildet, trotz ihres kleinen Formats, die vollständigste Überlieferung des großen Gold-Elfenbein-Bildes der Athena Parthenos. Sie wurde im Jahr 1880 nahe dem heutigen, Varvakion genannten Gymnasium in Athen – in der Nische einer römischen Hausruine sorgfältig geborgen – gefunden, so erklärt sich die vorzügliche Erhaltung. Nur wenige Teile fehlen, einige sind antik repariert, einige wenige modern ergänzt. In der Wiedergabe vieler antiquarischer Details zeigt die Nachbildung einen fast gelehrten Charakter. Die Datierung dieser römischen Kopie schwankt von der ersten Hälfte des 2. Jh. bis zur zweiten Hälfte des 3. Jh. n. Chr.; wenn auch die Formen des Originals hier verkleinert und verhärtet erscheinen, gibt uns die Varvakionstatuette doch eine anschauliche Vorstellung von der feierlichen Pracht, mit der das hochaufragende klassische athenische Kultbild vor den frommen Betrachtern stand, war es doch von den Sohlen bis zu den drei Helmbüschen mit reichstem Ornament versehen.

75 Tondorelief aus Melos. Um 460 v. Chr. Athen, Nationalmuseum Nr. 3990. Fragment, größte Höhe des Erhaltenen: 32,5 cm; größte Breite: 33,5 cm. Parischer Marmor. Der Reliefgrund ist flach konvex gewölbt; das Monument mit überaus zarter Reliefgebung hatte die Form eines Rundschilds. Die Rückseite dieses Tondos ist flach und glatt gearbeitet. In der Mitte befindet sich ein Zapfenloch, das Rundrelief war also ursprünglich vor einem Hintergrund, vielleicht einer Wand befestigt. Diese Form ist für ein Relief des 5. Jh. ungewöhnlich. Da die Mondgöttin Selene auf Vasenbildern in einer ähnlichen Medaillonform erscheint, darf man in dem schönen Kopf wohl eine Darstellung dieser Göttin vor dem Hintergrund ihrer eigenen Scheibe sehen.

bogenen Hälse der Rosse, ist die folgende Dionysosfigur in der vollen Pracht ihres Leibes und ihrer Glieder entfaltet. Auch dieser Gott scheint sich eben erst vom nächtlichen Schlummer aufzuraffen. Dem dramatischen Geburtsgeschehen in der Giebelmitte kehrt er seinen Rücken zu. Doch mag es der alles sehende Helios, vor ihm auftauchend, gerade bemerken und dem göttlichen Bruder verkünden. Wie die drei weiblichen Figuren der rechten Giebelhälfte ist auch die Gestalt des Dionysos in einer freien, räumlichen Bewegung entwickelt, die sich ganz und mühelos dem zur Verfügung stehenden Giebelraum einpaßt. Ein *reifklassischer Höhepunkt* griechischer Plastik und griechischer Giebelkomposition ist hier erreicht.

Wenn um die Mitte des 5. Jh. die großen Planungen zur Gestaltung der *klassischen Akropolis von Athen* unter Leitung des *Phidias* und Beteiligung des *Perikles* durchgeführt wurden und im Jahr 448 der Bau des Parthenon begann, so ist in den folgenden Jahrzehnten, durch die zweite Hälfte dieses Jahrhunderts hin, das klassische Antlitz der Akropolis geprägt worden. Gleichzeitig mit dem Parthenon wurde die Arbeit am *Erechtheion,* vielleicht auch am *Niketempel,* begonnen, der Bau der *Propyläen* durchgeführt (vgl. Abb. 117). Im vorletzten Jahrzehnt des Jahrhunderts dürften alle diese Bauten vollendet worden sein. Die letzte Zutat zur Ausschmückung der Akropolis bestand in der Anbringung der *Nikebalustrade,* die die Südwestbastion des Nikepyrgos krönte, auf dem der Tempel der Athena Nike stand. Die nach außen gewendeten Reliefs dieser Balustrade zeigen in einem reich bewegten, kunstvoll variierenden Stil zahlreiche Niken, die als Dienerinnen der Athena Nike ein Opferfest zurüsten. Eine der schönsten dieser Figuren ist die sog. *sandalenlösende Nike* (Abb. 85). Da man die Nikebalustrade ihrem Stil nach an das Ende des 5. Jh., um 410, datieren muß, andererseits nach dem Sturz des Alkibiades, 408, kaum noch eine äußere Möglichkeit und ein innerer Antrieb zur Errichtung eines solchen Siegesmonuments bestanden haben wird, darf man die Errichtung dieser Balustrade in die Jahre 410–408 datieren und sie in eine gewisse Verbindung mit der letzten Glanzzeit des Alkibiades bringen, die zwischen seinem Seesieg bei Kyzikos im Mai 410 und seinem triumphalen Einzug in Athen im Juni 408 v. Chr. liegt.

Neben *Phidias,* dem Attiker, steht als einziger gleichberechtigter Vertreter der hohen Klassik des 5. Jh. *Polyklet* aus Argos. Freilich bildet er und seine Kunst einen äußersten Gegensatz zu der des Phidias. War dieser ein Meister in den verschiedensten Kunstarten, ein großer Organisator und Planer, ein einfallsreicher, phantasievoller Künstler, so beschränkte Polyklet seine Kunst ganz auf einige wenige Typen, die er nach einem festen *Kanon* bildete. Eine kanonische Festlegung der von ihm erarbeiteten Kunstregeln hat er denn auch nach der Überlieferung in einer Schrift, die „Kanon" (Regel) betitelt war, niedergelegt. Denselben Namen trug auch eine seiner Statuen, die wir vermutlich in seinem berühmten Speerträger, dem *Doryphoros,* erkennen dürfen. Ein Torso in Berlin gibt von dieser Figur, obwohl ohne Kopf auf uns gekommen, eine lebendige Vorstellung (Abb. 94). Stand und Haltung des Körpers scheinen vorzüglich wiederholt zu sein. Außerdem läßt sich die Wendung des Kopfes zur Rechten und die Führung des rechten Armes genau erkennen und für eine Wiederherstellung des verlorenen Originals verwerten. Noch in der römischen Kopie ist etwas von dem Glanz des Bronzeoriginals, von der metallenen Festigkeit seiner einzelnen Formen, der architektonischen Gliederung des Aufbaus zu erkennen. Die kanonische Gültigkeit des Speerträgers, der vielleicht den Helden Achilleus darstellte, galt für das ganze Altertum; dafür spricht auch die Fülle römischer Kopien und Wiederholungen.

Im *4. Jh. v. Chr.* erreicht die griechische Kunst nach einer Zeit der Wende und des Wechsels eine zweite Blüte. Diese *zweite klassische Blütezeit*, von der schon Winckelmann spricht, ist für uns vor allem auf dem Gebiet der Plastik zu erkennen und zu verfolgen. Wenn Phidias und Polyklet die beiden großen Klassiker des 5. Jh. waren, so sind Praxiteles und Lysipp die beiden spätklassischen Hauptmeister des 4. Jh. Und wenn im 5. Jh. der Athener und der Argiver die größten Gegensätze ihrer Zeit verkörpern, so im 4. Jh. *Praxiteles aus Athen* und *Lysipp aus Sikyon*. Praxiteles hat etwa von 360–330 v. Chr. gewirkt; für Lysipp aber müssen wir eine ungewöhnlich lange Lebens- und Schaffenszeit annehmen. War er doch schon um 370 ein anerkannter Künstler, dem offizielle Aufträge zukamen, hat er doch andererseits, wie es scheint, bis gegen Ende des 4. Jh., bis in die Zeit um 310 v. Chr., als alter Mann gewirkt. Das geht aus dem Stil seiner Spätwerke hervor, aber auch aus einigen, uns erhaltenen Epigrammen, die ihn „Lysipp den Greis" nennen. Hätten wir von den Werken seiner Frühzeit, der Zeit des zweiten Jahrhundertviertels, eine deutlichere Vorstellung, so könnten wir die Entwicklung des gesamten Jahrhunderts an Lysipps Œuvre ablesen.

Von *Praxiteles* besitzen wir – ein seltener Glücksfall! – ein Original, den *Hermes in Olympia* (Abb. 95). Obwohl in römischer Zeit gereinigt und übergangen, so daß Spuren römischer Werkzeuge deutlich sind, ist an der Originalität des Stückes selbst nicht zu zweifeln. Die dargestellte Szene zeigt Hermes, der das Knäblein Dionysos nach Griechenland bringt. Er hat auf seiner Wanderschaft Rast gemacht, den Mantel über einen Baumstamm geworfen, den linken Arm daraufgestützt und den Körper in gemächlicher Ruhe entspannt. Doch entbehrt diese Gruppe aus der reifen Zeit des Meisters, um 340, mit ihrem breiten, überschaubaren Aufbau, in der noblen Lässigkeit der Gesamthaltung, der zarten, intimen Bildung der Einzelheiten nicht einer „edlen Einfalt und stillen Größe", wie sie Winckelmann der griechischen Kunst schlechthin zugesprochen hat.

Eine andere Schöpfung des Meisters, wohl noch ein Jugendwerk, stellt *Apollon als Eidechsentöter* (*Sauroktonos;* Abb. 88, Kopf) dar. Ein alter Wesenszug des reinigenden Gottes war die Vertilgung des Ungeziefers. Ein Nachklang dieses Wesenszuges, aber auch der Lust am grausamen Spiel, wie es der Südländer heute noch kennt, führte zur Darstellung des ganz jugendlich gegebenen Gottes, der – an einen Baumstamm gelehnt – einer Eidechse auflauert, um sie mit einem kurzen, metallenen Pfeil zu erlegen. Auch hier ist eine fast genrehafte, idyllische Gruppe geschaffen, wobei Baumstamm und Eidechse in der Komposition wie im Inhalt Gegenspieler der schlanken, zum Stamm hin gebogenen Gestalt sind. Der stützende Baumstamm ist durch das Motiv ebenso bedingt wie technisch notwendig. Eine ähnliche Einheit von inhaltlich begründeter und technisch notwendiger Stütze stellt der Baumstamm beim Hermes des Praxiteles dar. Die Schöpfung des Praxiteles verleiht dem Gott offenkundig nicht mehr die Erhabenheit der hohen Klassik. Doch gibt sie ihn auch nicht mit dem Realismus des Hellenismus, etwa in der

Art eines Hirtenjungen. Die romantische Seligkeit der zweiten Klassik des 4. Jh. ist schon in der Erfindung und im Motiv enthalten und in der Ausführung auf die liebenswürdigste Weise verkörpert.

Der große *Lysipp,* dessen Leben fast ein Jahrhundert umspannte, soll der fabulösen antiken Überlieferung nach 2000 Werke geschaffen haben. Trotzdem sind von ihm nur sehr wenige gesicherte Schöpfungen überliefert, und diese nur in römischen Kopien. Noch heute, wie zur Zeit seiner Auffindung in Trastevere im Jahr 1849 und seiner unmittelbar anschließenden Deutung als *Schaber (Apoxyomenos)* des Lysipp, stellt eine Athletenfigur des Vatikan für uns Summe und Inbegriff lysippischer Kunst dar (Abb. 86/87, 96). Die einfache, alltägliche Handlung eines Athleten, der sich mit dem Schabeisen (Strigilis) vom Staub der Palästra reinigt, bestimmt die Haltung des höchst lebendigen, ja erregenden Kunstwerkes. Der erhobene rechte Arm, an dessen Unterseite das Schabeisen entlanggeführt wird, ist von der Schulter an auf den Betrachter zu in den Raum vorstoßend gehalten. Der linke ist ebenfalls im Oberarm empor- und nach vorn gehoben, im Ellbogen jedoch rechtwinklig geknickt und quer vor dem Körper des Athleten zum rechten Arm hinübergeführt. Dieser elastischen, schwebenden Haltung der Arme entspricht der lockere, federnde Stand der Beine. Eine scharfe Trennung in Stand- und Spielbein ist nicht gegeben. Die weite Schrittstellung, die freie, räumliche Zurücksetzung des rechten Fußes und Beines, entspricht nicht der völlig entlasteten Situation einer Spielbeinseite. Beide Beine sind vielmehr gleichmäßig an dem schlanken Aufbau der Gestalt beteiligt, deren kleiner, ja zierlicher Rumpf auf den emporstrebenden Beinen eine bewegliche, gleichsam pendelnde Haltung einnimmt. Gekrönt wird dieser so leicht emporgeführte, so elegante Aufbau des Körpers von einem kleinen, höchst beweglichen Kopf, der, ganz unabhängig von der Handlung des Athleten, leicht angehoben und gewendet, mit dem Blick in die Ferne gerichtet zu sein scheint. Da der Apoxyomenos seinem Stil nach als reifes Werk des Lysipp anzusehen ist und da andererseits ein berühmter Ringer namens Cheilon von Patrai im Jahr 322 starb und nachweislich unmittelbar nach dessen Tod Lysipp eine Statue zu seinen Ehren fertigte, darf man wohl das Bild dieses Cheilon in dem berühmten Schaber des Vatikan erkennen. In dem Antlitz (Abb. 86/87) mit seinem unruhigen und nervösen, durchaus nicht idealisierten Ausdruck und dem fernhin schweifenden Blick ist eine momentane, schwebende Stimmung enthalten, die über das spätklassische 4. Jh. hinauszuweisen, neue Räume des künstlerischen Ausdrucks zu erschließen anhebt.

Lysippisch ist auch die sog. *Venus von Capua* (Abb. 93), deren Mantel vom Oberkörper herabgeglitten und um die Hüften geschlungen ist, so daß er die Beine bis zu den Füßen hin verdeckt. Das linke Bein ist leicht angehoben, indem der Fuß auf einer Erhöhung steht; das rechte trägt als Standbein, kräftig durchgedrückt, die gesamte Last des Körpers, dazu noch den des Gegenstandes, den die Arme halten. Der nackte Oberkörper entwickelt sich großartig von den Hüften an aus der Umhüllung durch den Mantel. Beide Arme sind weit nach vorn, d. h. nach rechts vom Betrachter, emporgehoben. Sie hielten – wie römische Nachbildungen zeigen – einen Schild, in dem die Figur sich bespiegelt. Demnach wird es sich um Aphrodite handeln, die den Schild ihres Gatten Ares für ihre

Zwecke verwendet. Das verlorene Bronzeoriginal aus der Mitte des 4. Jh. v. Chr. entstammte gewiß eher dem Kreis des Lysipp als dem des Skopas. Die eigentümliche Stellung der Figur, bei der das Motiv des auf dem Knie aufgestützten und mit den Händen gehaltenen Schildes am besten in der seitlichen Flächenansicht zur Wirkung kommt, die weite, in den Raum greifende Bewegung der Arme, die auch einer Flächenansicht eingepaßt ist – die Arme dürften vom Ergänzer weitgehend richtig ausgeführt sein – erinnern an andere lysippische Schöpfungen wie den Eros Bogenspanner und den dahineilenden

76 Bronzestatue eines Gottes (Poseidon?). Mitte 5. Jh. v. Chr. Athen, Nationalmuseum Nr. 15161. Höhe: 209 cm, größte Spannweite: 210 cm. Die großartige Gestalt eines weit ausschreitenden und zugleich in vollkommener Balance innehaltenden bärtigen Mannes, mit zielend vorgestrecktem linken Arm und der zum Wurf gespannten Rechten, darf mit einem Dreizack ergänzt und als Poseidon gedeutet werden. Bei der ganzen Gestalt ist schwebende Ruhe mit mächtiger Bewegung in unvergleichlicher Weise vereinigt. Nach der ausgewogenen Komposition im ganzen, der reichen, klaren Gliederung des Körpers im einzelnen gehört sie in die Mitte des 5. Jh., an der Schwelle von der frühen zur hohen Klassik stehend. Von attischen Werken dieser Zeit unterscheidet sich die von einem hervorragenden Meister geschaffene Bronzefigur durch die fülligere Bildung des Rumpfes und seine kraftvolle, plastische Durchgliederung.

77/78 Grabstele eines Mädchens, sog. Stele Giustiniani, und Detail. Um 460 v. Chr. Berlin, Pergamon-Museum. Höhe: 143 cm. Parischer Marmor. Das Mädchen, das Räucherwerk aus einer Pyxis nimmt, um es wohl auf einen nicht dargestellten Räucheraltar zu streuen – der Deckel der Pyxis steht unten am Boden –, ist in dem breiten, kraftvollen Relief des Strengen Stils gegeben. Von dem bogenförmigen Rand des Überfalls (Apoptygma) des Gewandes, der sich flach über den Leib hinschwingt, ist bis zum Knie hinab modern ein spitzdreieckiges Stück abgearbeitet. Dadurch entsteht eine dem Original ursprünglich fremde Tiefenstaffelung der Oberschenkel. Die schlanke Stele, die sich nach oben verjüngt, wird von einem prachtvollen Palmettenakroter gekrönt, das unten zwischen den Voluten zwei Akanthusblätter als Ornament und Quellpunkt der Voluten wie der Palmette zeigt.

79 Akroter einer Grabstele. 2. Hälfte 4. Jh. v. Chr. New York, Metropolitan Museum. Höhe: 105 cm. Pentelischer Marmor. Aus zwei Reihen von Akanthusblättern wachsen kannelierte, in sich gedrehte, zu Voluten eingerollte Schäfte hervor, welche die Palmetten tragen. Eine Herzpalmette befindet sich in oder vor einer größeren Palmette, deren schmale Blätter sich einzelnstehend nach außen entfächern. Im oberen Ende dieser äußeren Palmette sitzt eine plastische Knospe. Sämtliche Teile dieser reichen Ornamentik sind mit freier Meisterschaft herausgearbeitet (vgl. Abb. 80).

80 Akroter einer Grabstele. 2. Hälfte 4. Jh. v. Chr. New York. Metropolitan Museum. Höhe: 88 cm. Die Ornamentik dieses Akroters ist – verglichen mit dem eben genannten – im Aufbau wie in der Ausführung glatter, einfacher und spannungsloser.

81 Metope von der Südseite des Parthenon. Lapithe und Kentaur im Kampf. Um 440 v. Chr. London, British Museum. Höhe: 134 cm; Reliefmaße: 120 × 127 cm. Pentelischer Marmor. Prachtvoll entfaltet sich der elastisch zurückgebogene Körper des Lapithen vor der reichen, klassischen Draperie des Mantels, von dessen farbiger Folie sich einst der schimmernde Marmorleib des Jünglings abhob. Enger, gedrängter, durch den rechten Rand der Metopenplatte geradezu beengt, erscheint die Haltung des Kentauren, der auch nach Größe und Umfang seines Körpers hinter dem Lapithen zurücktritt. In der weiten Spreizung der Glieder des Jünglings, der straffen Haltung des Rumpfes und seiner knappen Modellierung könnte man eine Erinnerung an die Kunst des großen Myron sehen.

77

78 ◁

△ 79

▽ 80

81

Kairos. Doch ist die Aphrodite von Capua insgesamt wohl eher eine freie Nachbildung hadrianischer Zeit als eine getreue Kopie eines lysippischen Originals.
Eines der wenigen Werke des späten 4. Jh., in dem vielleicht lysippische und praxitelische Kunst sich vereinigen, ist der sog. *Jüngling von Marathon* (Abb. 89, Detail). Auf der Linken trug er einen größeren Gegenstand, der mit einem Zapfen auf der Handfläche befestigt war, vielleicht ein Tablett mit Opfergerät. Motiv oder Handlung der weit emporgehobenen rechten Hand ist nicht sicher zu deuten. Als ein fast träumerischer Ausklang der späten Klassik des 4. Jh., als eine überreife Schöpfung eines zu Ende gehenden Zeitalters nimmt der romantisch-beseelte Knabe von Marathon eine besondere Stellung im Gang der Entwicklung dieses Jahrhunderts ein. Der virtuose spätklassische Bildhauer *Skopas* aus Paros, der in der 1. Hälfte des 4. Jh. v. Chr. tätig war, gehörte mit seinem von leidenschaftlichem Ausdruck erfüllten Stil zu jenen Kräften, die die Abkehr vom strengen hochklassischen Formenkanon förderten.
In den Jahrhunderten des *Hellenismus,* den wir vom Tod Alexanders des Großen (323 v. Chr.) bis zur Schlacht von Aktium (31 v. Chr.) rechnen, ist unter allen Künsten die Entwicklung der griechischen Plastik am deutlichsten zu verfolgen, kann doch der Gang dieser Entwicklung, wenn nicht nach Jahrzehnten, so nach Generationen aufgeteilt werden. Der *Übergang von der späten Klassik des 4. Jh. zur frühhellenistischen Kunst* des 3. Jh. vollzieht sich um die Jahrhundertwende, in dem Zeitraum etwa von 320–280 v. Chr. Im Jahr 281 wurde in Athen die Errichtung einer *Statue des Demosthenes* beschlossen, die wohl unmittelbar danach fertiggestellt wurde. Sie bezeugte in ihrer steilen Pfeilerform im ganzen, ihrer kargen, ja harten Modellierung im einzelnen, den neuen, strengen, frühhellenistischen Stil. Nach der Mitte des 3. Jh. entwickelte sich dieser Stil des Anfangs zu einer ersten großartigen „barocken" Formgebung, wie wir sie in der berühmten Gruppe des *Galliers mit seinem Weib* sowie dem *Sterbenden Gallier* vor Augen haben. Dieses erste große Gallieranathem wurde im Anschluß an den entscheidenden Sieg errichtet, den der pergamenische König Attalos I. über die Gallier – unmittelbar nach seinem Regierungsantritt 241 – errang. Die originale Gruppe des Siegesdenkmals, von dem vorzügliche Kopien erhalten sind, wird bis gegen 230 v. Chr. fertiggestellt und auf der Burg von Pergamon aufgestellt worden sein.
Die eigentliche Blüte des Pergamenischen Reiches und seiner Kunst fällt dann in das 2. Jh. v. Chr. zur Regierungszeit der Könige Eumenes II. (197–159 v. Chr.) und Attalos II. (159–138 v. Chr.). Wenn auch die hellenistische Kunst, besonders die *hellenistische Plastik,* an vielen Orten der griechischen Welt blühte – einer Welt, die sich nun bis weit in den Orient hinein erstreckte –, so ist für uns doch der *Burgberg von Pergamon* (vgl. Abb. 147) das besondere Beispiel eines Kulturzentrums, das – auf Neuland entstanden – einen entschlossenen Willen zu politischer Macht, künstlerischer Leistung und geistiger Repräsentation besaß. Durch die umfangreichen Ausgrabungen, die seit vielen Jahrzehnten von deutscher Seite in Pergamon vorgenommen werden, ist uns sowohl die antike Bebauung wie die Ausschmückung dieses Burgberges in großen Zügen bekannt. Auch die Entwicklung der *pergamenischen Kunst,* insbesondere der Plastik, können wir dank der Funde von Pergamon genau verfolgen. Im Bereich der bildenden Kunst nimmt der

Große Altar von Pergamon eine wichtige Stellung ein (Abb. 146). Das tat er schon im Altertum, so daß er von christlicher Seite als „Satans Thron" bezeichnet werden konnte (Offenbarung Johannes II, 13). Entsprechend der Gliederung des Burgberges in große Terrassen, deren jede von einem geschlossenen Komplex oder Bezirk eingenommen wurde, beherrscht der Zeusaltar als einzelnes, riesiges Monument die zweite dieser Terrassen, ohne direkten Bezug zu einem Tempel oder Heiligtum. Umgeben von Gebäuden und Monumenten nahm er die Mitte dieses Platzes ein, mit der Seite seines Aufgangs zum Altarpodium nach Westen gerichtet, mit der Ostseite zum Propylon, das den Eingang zur Altarterrasse bildete.

Das Bauwerk bestand – ostgriechischer Sitte folgend – aus einem mächtigen Podium von 34 m Länge und 37 m Tiefe. An der Westseite führte eine 20 m breite Freitreppe zum Podium hinauf, dessen umlaufende Säulenhallen einen Binnenhof umschlossen. In diesem Hof stand der eigentliche Opferaltar, der über Stufen von Westen her zugänglich war. Das massive Podium besaß bis zu seiner, die Säulenhallen und den Altar tragenden Oberfläche eine Höhe von fast 5,5 m. Auf einen Unterbau von 4 Stufen und einen Sockel folgte der berühmte große *Fries von Pergamon* (Abb. 102, 103, 105, 106). Das umlaufende Friesband bestand – bei einer Gesamtlänge von fast 200 m – aus mehr als hundert einzelnen Platten, die vor dem Versetzen am Altarpodium in der Werkstatt vollkommen fertig ausgearbeitet wurden. Die genaue Reihenfolge garantierte bei ihrer Aufstellung ein System von Steinmetzzeichen, das heute noch erschlossen werden kann. Mehr als zwölf Bildhauer arbeiteten die Friesplatten im Atelier aus, gewiß nach einem Modell, das als Anweisung den Gesamtentwurf und die Komposition in Teilabschnitten enthielt. Ein Höhepunkt des den Sockel umziehenden Kampfgeschehens findet sich an der dem Eingang zugewendeten Ostseite mit der Darstellung von *Zeus* und *Athena* im Getümmel ihrer Gegner (Abb. 105/106). Wie jeder der beiden Götter in seiner diagonalen Führung sein Kampffeld beherrscht, zugleich aber beide in ihrer divergierenden Stellung eine größere, expansive Gruppe bilden, zeugt von der Kraft des entwerfenden Meisters wie der leidenschaftlichen Beteiligung seiner ausführenden Mitarbeiter. Stiller, wenn auch von verhaltener Wildheit erfüllt, ist die Figur der *Aphrodite*, die am Beginn der Nordseite den Kampf eröffnet (Abb. 102). Die weich und voll gegebene Gestalt, der erst jüngst ihr Kopf wieder zugefügt wurde, tritt mit dem linken Fuß einem rücklings gestürzten Giganten in das Gesicht, um das wehrlose Opfer vollends zu töten. Am linken Arm trägt sie einen Schild; an einem breiten, weichen Riemen die leere Scheide des Schwertes. Danach zu schließen, darf sie wohl mit dem blanken Schwert in der Rechten ergänzt werden, mit dem sie dem jugendlichen Gegner den Todesstoß versetzen wird. Eine andere prachtvolle Gestalt des Nordfrieses stellt *Nyx*, die Göttin der Nacht, dar (Abb. 103). Sie ist eine der am besten erhaltenen Figuren des ganzen Frieses, ist zur vollen Größe ihrer majestätischen Gestalt und zur vollen Breite ihrer Aktion entfaltet. In der weit ausholenden Rechten hält sie ein von einer Schlange umwundenes Gefäß. Vielleicht darf in ihm das Symbol des großen Sternbildes der Hydra mit dem Krater gesehen werden, das die Göttin der Nacht gleichsam unmittelbar im Kampfgetümmel vom Himmel gegriffen hat. Mit der Linken bemüht sie sich, dem jugendlichen Gegner den schützenden Schild zu entreißen.

Trotz aller Zerstörung und vieler fehlenden Partien ist der große Fries von Pergamon für uns nicht nur das umfangreichste, sondern auch das eindrucksvollste Zeugnis hellenistischer Plastik. Unter dem bedeutenden Herrscher Pergamons, Eumenes II., ist der Altar und sein Fries etwa in den Jahrzehnten von 180–160 v. Chr. entstanden.
Nahe verwandt ist den Figuren des großen Frieses, besonders der prachtvollen Gestalt der Nyx (Abb. 103), die berühmte *Nike von Samothrake* des Louvre (Abb. 104). Lange hat die Datierung dieser Statue geschwankt; langsam hat sich eine Ansetzung in die Zeit des hohen Hellenismus durchgesetzt.
Mit der Nike von Samothrake – und das heißt mit dem Beginn des 2. Jh. v. Chr. – setzt eine künstlerische Bewegung ein, die unmittelbar anschließend zu dem rauschenden Stil des großen Frieses von Pergamon führt. Dabei ist dieser neue Stil bei der Nike in einer großartigen Weise vom Thema her bestimmt und in jeder Form verwirklicht. Verglichen mit der Nyx des Pergamonfrieses erweist die Figur durchaus ihre Gleichzeitigkeit. Eine zeitliche Differenz könnte nur in geringem Maß angenommen werden. Andererseits muß für dieses mächtige Siegesanathem, das 1863 auf der Insel Samothrake gefunden und bald darauf in den Louvre überführt wurde, ein bedeutendes historisches Ereignis als Anlaß seiner Weihung angenommen werden. Die Nike stand auf dem Vorderteil eines Schiffes, das aus einem anderen Marmor, dem sog. lartischen Stein, gearbeitet ist. Dieser Stein kommt nur auf Rhodos vor; es liegt also nahe, in der Nike nicht nur eine Arbeit der berühmten rhodischen Bildhauerschule zu sehen, sondern auch eine Weihung der Stadt und Insel Rhodos selbst. Da bietet sich als Anlaß das Datum der Jahre 191/190 v. Chr., in denen Rhodos an der Seite der Römer gegen Antiochos III., den Großen, von Syrien siegreich kämpfte. Im Jahr 191 wurde Antiochos in einer Seeschlacht bei Side in Pamphylien, 190 in einer Seeschlacht bei Myonnesos (bei Ephesos) vernichtend geschlagen. Rhodos hatte mit seinem Admiral Eudamos entscheidenden Anteil an diesen Seesiegen und damit wohl Anlaß, ein so großartiges Siegesdenkmal in Samothrake zu errichten. Wenn also die Erstellung und Weihung der Nike von Samothrake in das 2. Jahrzehnt des 2. Jh. v. Chr. datiert werden kann, so ist sie unmittelbar vor dem Beginn der Arbeiten am großen Fries von Pergamon entstanden. Den Unterschied zwischen dieser Schöpfung der *rhodischen Bildhauerschule* und den Werken der *pergamenischen Werkstätten* vermag ein genauer Vergleich deutlich zu machen. Kraftvoll und doch gesammelt kommt in der Nike von Samothrake das mächtige Pathos der *hochhellenistischen* Zeit zum Ausdruck, das nur durch ein halbes Jahrhundert hin in so ungebrochener und doch beherrschter Form der bildenden Kunst zu gestalten gelang.
In die Mitte des 2. Jh. v. Chr. ist die kostbare *Bronzestatuette des Poseidon* (früher Sammlung Loeb) zu datieren, die sich jetzt in der Münchener Antikensammlung befindet (Abb. 97). Im Vergleich zu der Nike von Samothrake und ihrer stürmischen, den Raum erfüllenden und durchdringenden Vorwärtsbewegung ist dieser Poseidon bei allem Pathos seiner Haltung und Gestik doch in eine Schaufläche gebunden, die eine Reduzierung gegenüber der rückhaltlosen Räumlichkeit darstellt, welche die Nike von Samothrake und andere Schöpfungen der ersten Hälfte des 2. Jh. erschließen. So weit und frei die breit ausschwingenden Gebärden der Arme des Gottes sich entfalten, so locker seine

82 Platte vom Ostfries des Parthenon. Artemis. Um 440 v. Chr. Athen, Akropolis-Museum. Frieshöhe: 106 cm, Relieferhebung: 5 cm. Pentelischer Marmor. Der Mantel der sitzenden Göttin ist locker um die Oberschenkel geschlungen; ihr dichtgefältelter Chiton von der linken Schulter leicht herabgeglitten. Er wird mit anmutiger Gebärde von der rechten Hand am Saum gehalten. Das Antlitz der Artemis erscheint in reinem Profil, dessen klarer Schnitt sich einst von dem farbigen Hintergrund abhob. Kopf und Körper zeigen die gleiche feste, hochklassische Reliefgebung, die wir am ganzen Parthenonfries bewundern.

83 Gruppe von drei weiblichen Figuren aus dem Ostgiebel des Parthenon, sog. Moiren oder Tauschwestern. Um 435 v. Chr. London, British Museum. Höhe: 100 cm. Pentelischer Marmor. Die drei fragmentarisch erhaltenen weiblichen Gestalten gehören nach Komposition und Darstellung eng zusammen. Sieht man in der Gelagerten ganz rechts Aphrodite, so muß die sie Bergende ihre Mutter Dione oder ihre Gefährtin Peitho sein; für die einzelne, aufrecht Sitzende bliebe dann im zweiten Fall der Dione, im ersten der Name etwa der Hestia. Die drei Figuren sind, bei völliger Freiheit einer jeden einzelnen, mit hoher Kunst der Komposition zu einem Dreiklang zusammengeschlossen. Darüber hinaus bilden sie in ihrer lagernden, vorgebeugten, aufrecht sitzenden Haltung eine höchst natürliche Füllung des an dieser Stelle zwangsläufig schmäler werdenden Giebelraumes. Ein großer reifklassischer Meister muß für alle drei Figuren das Modell geschaffen haben; selbst in der Ausführung letzter Hand sind kaum Unterschiede festzustellen.

84 Dionysos aus dem Ostgiebel des Parthenon. Um 437–432 v. Chr. London, British Museum. Höhe: 121 cm. Pentelischer Marmor. Diese frei gelagerte reifklassische Dionysos-Gestalt – mit dem Attribut des Raubtierfells, auf dem der Gott ruht – ist die einzige Figur der beiden Parthenongiebel, deren Kopf erhalten ist.

85 Sandalenlösende Nike, von der Nikebalustrade. Um 410–408 v. Chr. Athen, Akropolis-Museum. Höhe: 104 cm. Pentelischer Marmor. In dem vielfältigen Reigen von geflügelten Niken dieser Balustrade, die ihrer Herrin, der Athena Nike, ein Siegesfest zurüsten, ist die Platte mit der sandalenlösenden Nike ein besonderes Juwel. Die Nike löst die Sandale mit raschem Griff, um barfüßig das Heiligtum der Göttin zu betreten. In schönster Balance baut sich die Komposition der Gestalt auf dem elastisch gewinkelten linken Bein auf; in umfassender Freiheit sind die Gewänder, Mantel und langer Chiton, über den lebensvollen Körper und die Glieder ausgebreitet. Den zartesten Formen, in denen Körper und Gewand miteinander verschmelzen, antworten kraftvolle, zügige Faltengrate, die den Begriff klassischer Draperie zu höchster Vielfalt und Verfeinerung steigern. Wie in einer letzten Verklärung erklingt hier eine Melodie, die Phidias mit dem Parthenonfries zum ersten Mal zu vollem Klang erweckt hatte. Der reifklassische Fries zeigt ein relativ hohes Relief, da er ja nach außen gewendet war und also nur aus größerer Entfernung von dem den Nikepyrgos Umwandernden betrachtet werden konnte.

86/87 Kopf des Schabers (Apoxyomenos) des Lysipp. Römische Marmorkopie nach einem Original der Zeit um 320 v. Chr. Rom, Vatikan. Dieser Kopf mit dem Ausdruck des Sinnens und Verharrens, mit der eigenwillig-unruhigen Wiedergabe der Haare, gibt eine treffliche Vorstellung von der differenzierten, so persönlichen Kunst des großen spätklassischen Meisters Lysipp (vgl. Abb. 96).

88 Kopf des Apollon Sauroktonos, des Eidechsentöters. Römische Replik nach einem Bronzeoriginal des Praxiteles um 350 v. Chr. Rom, Vatikan. Höhe der Figur: 167 cm. Feinkörniger, gelblicher Marmor. Die Statue wurde 1777 auf dem Palatin gefunden. Ergänzt sind große Teile der rechten Gesichts- und Schädelhälfte, die Nase und das linke Ohr. Plinius nennt als Bronzewerk des Praxiteles einen jugendlichen Apoll, der mit einem Pfeil in der Hand eine Eidechse belauert. Der Kopf des Gottes zeigt mit seinem feinen Profil und der reichen, zierlichen Ordnung der Haare eine fast mädchenhafte Bildung. Diese anmutige, im Altertum hochberühmte Schöpfung des Praxiteles, die den lyrischen Stil der spätzeitlichen zweiten Klassik offenbart, ist in zahlreichen Repliken erhalten.

△ 83

▽ 84 ▷ 85

△ 86

△ 87

▽ 88

▽ 89

△ 83

▽ 84 ▷ 85

△ 86

△ 87

▽ 88

▽ 89

Schrittstellung entwickelt, das Haupt zur Seite geneigt und gewendet ist, so deutlich ist doch die Bindung dieser Gebärden und Stellungen in eine klar zu überschauende Frontalansicht. Der Kopf mit den aufgelöst flatternden Haarsträhnen zeigt deutlich die überzüchtete Formgebung des *späten Hellenismus.* Die Statuette des Poseidon ist daher um ein halbes Jahrhundert nach der Nike von Samothrake, in das Jahrzehnt nach der Mitte des 2. Jh., zu datieren. Eine schöne *Terrakottastatuette der Aphrodite* mit hohem Diadem im Haar (Abb. 92) fordert unmittelbar zu einem Vergleich mit der *Aphrodite von Melos* (bzw. Venus von Milo) heraus, die eine der berühmtesten Antiken der Welt darstellt (Abb. 91). Während die Terrakottastatuette noch ganz den räumlichen, bewegten Reichtum der *hochhellenistischen* Kunst um 150 v. Chr. aufweist in der gegensätzlichen Führung ihrer Glieder – der Beine gegenüber den Armen und des Kopfes gegenüber dem Oberkörper –, ist die berühmte Aphrodite von Melos bei aller Gegensätzlichkeit ihres gebrochenen Aufbaus in ihrer Komposition beruhigt, in der Ausführung der Einzelheiten kühler behandelt. Ein erster Hauch von *klassizistischer* Stille scheint über dieser Figur zu liegen, eine Feststellung, die sich bei Betrachtung des so ebenmäßig gestalteten Antlitzes bestätigt. Wir müssen also die Venus von Milo, da sie flacher in der Modellierung und flächiger im Aufbau ist, in die zweite Hälfte des 2. Jh. v. Chr., ja vielleicht erst gegen sein Ende, datieren.
Wenn wir den beiden eben verglichenen Figuren, der meisterhaften Terrakotta in Berlin und der weltberühmten, großen Statue der Aphrodite von Melos, eine Bronzefigur anschließen, die sich in München befindet, so geschieht ein solcher Anschluß mit einigem Zögern. Diese *Bronzestatuette eines badenden Mädchens* (Abb. 100/101) ist hinsichtlich ihrer Datierung stark umstritten. Während die einen sie noch, einer alten Tradition folgend, an das Ende der Klassik des 5. Jh. v. Chr. datieren und in ihr eine kostbare Überlieferung dieser hohen Zeit sehen, fordern andere Vorschläge eine Datierung in das frühe 3. Jh. v. Chr. oder auch in das 1. Jh. v. Chr. Die komplizierte, ja raffinierte Stellung des so stark durchgebogenen, geknickten Körpers scheint für eine relativ späte Datierung zu sprechen, und die Anklänge an die hohe klassische Kunst lassen sich als *klassizistische Züge* erklären. Daher scheint die Datierung in die Zeit des Übergangs vom späten Hellenismus zum ersten *Klassizismus,* also in die Zeit um 100 v. Chr., berechtigt.

89 Jüngling von Marathon. Ende 4. Jh. v. Chr. Athen, Nationalmuseum Nr. 15118. Höhe: 130 cm. Detail. Dieses Bronzeoriginal wurde 1925 bei Marathon im flachen Meer gefunden. Der starken, melodischen Schwingung des Körpers antwortet die gefühlvolle Neigung des Hauptes, das zu einem Gegenstand gesenkt und gewendet ist, den die vorgestreckte linke Hand hielt. Zu der vorzüglichen Erhaltung der Figur gehören auch die eingesetzten Augen, die den sinnenden, empfindsamen Blick so lebendig erhalten haben. Kopf und Gesicht der spätklassischen Bronzestatue zeigen eine Verschmelzung überwiegend spätpraxitelischer und lysippischer Züge. Der Augapfel besteht aus weißem Stein, die Iris aus gelblichem Glasfluß, der schwarz umrandet ist. Die Pupillen fehlen. – In dem lockeren, reichbewegten Haar liegt eine schmale Binde, die vorn zu einem gebogenen, blattartigen Aufsatz emporgeführt ist.

Besonders reich und vielfältig entwickelte sich in hellenistischer Zeit die *Porträtkunst*. Nachdem sie seit der hohen Klassik des 5. Jh. durch das ganze 4. Jh. hin an Bedeutung zugenommen und berühmte Werke gezeitigt hatte – Porträts des Platon und Aristoteles, des Sophokles und Euripides –, wird in hellenistischer Zeit die Basis der Bildniskunst breiter, ihre Stilmittel werden empfindungsreicher und subtiler, weil die Erfassung des Individuums vertieft und verschärft wird. Unter den vielen *hellenistischen Porträts*, die als Kopien oder gar Originale auf uns gekommen sind, gibt es einige Bronzewerke, die in hervorragender Weise von der Kraft und dem Können hellenistischer Porträtkunst Zeugnis ablegen. Eines der schönsten Beispiele dieser Gattung ist der *Bronzekopf eines Philosophen* (Abb. 90), der – als Rest einer Bronzestatue – aus dem Meer bei Antikythera gehoben wurde. Herrscht auch nicht mehr die dichte Plastizität vor – der ersten hellenistischen Zeit, des 3. Jh. v. Chr. –, so ist doch auch nichts von dem Zerfall, von der Auflösung der Formen zu spüren, die das späthellenistische Porträt des endenden 2. und beginnenden 1. Jh. v. Chr. kennzeichnen. Man wird daher diese schöne, zugleich starke und differenzierte Darstellung eines leidenschaftlichen Denkers etwa der Mitte des 2. Jh. v. Chr. zuschreiben.

90 BRONZEKOPF EINES PHILOSOPHEN. Mitte 2. Jh. v. Chr. Fundort Meer bei Antikythera. Athen, Nationalmuseum Nr. 13400. Höhe: 29 cm. Mit diesem Kopf, der zu Anfang unseres Jahrhunderts als Teil einer versunkenen Schiffsladung geborgen wurde, fand man noch einen rechten Arm, Füße in Sandalen, Unterschenkel, Teile eines Mantels und eine linke Hand mit Stock. Es handelte sich also um die Statue eines wandernden Philosophen, vermutlich eines berühmten Kynikers. Die ganze Statue wird – wie schon der zerfurchte Kopf zeigt – einen prägnanten Realismus zur Schau getragen haben. Hier tritt der Gestaltungswille des reifen Hellenismus hervor.

91 APHRODITE VON MELOS bzw. Venus von Milo. Ende 2. Jh. v. Chr. Paris, Louvre. Höhe: 204 cm. Wohl parischer Marmor. Die Statue wurde 1820 auf der Insel Melos (Milo) gefunden, 1821 in den Louvre gebracht. Die späthellenistische Figur besteht aus zwei Marmorblöcken; die Fuge zwischen ihnen verläuft dicht über dem umgeschlungenen Gewand. In ihrer Haltung und Komposition schließt sich die Gestalt offensichtlich an Vorbilder des 4. Jh. an; in der Figur und im Antlitz sind kühle, erstarrte, stille, klassizistische Züge zu erkennen. Sie gehört daher dem späten, schon zur Rückwendung neigenden Hellenismus an.

92 TERRAKOTTASTATUETTE DER APHRODITE. Um 150 v. Chr. Berlin, Staatliche Museen, Antikenabteilung. Höhe: 38,5 cm. Die in starken Gegenbewegungen komponierte Gestalt stellt wohl die Göttin der Liebe dar, die mit ihrer Toilette beschäftigt ist. Durch die volle, plastische Bildung des Körpers und der Glieder, die schwungvolle, differenzierte Faltengebung und die wogende Komposition im ganzen ist die Statuette als ein Werk des hohen Hellenismus der Mitte des 2. Jh. zu erkennen.

93 VENUS VON CAPUA. Hadrianische Nachbildung eines lysippischen Vorbildes der Zeit um 350 v. Chr. Neapel, Museo Nazionale. Höhe: 210 cm. Weißlich-grauer Marmor. Die Figur wurde um 1750 im Amphitheater von Capua gefunden. Ergänzungen: Arme, Nase, Teile des Mantels. Lysippisch ist an dieser kühnen Schöpfung der freie, schwingende Rhythmus, der die Gestalt vom elastischen Stand der Füße mit gleichsam tastend vorgesetztem linken Fuß über die federnde Stellung der Beine zum schlanken Oberkörper und den weit ausgreifenden Armen durchzieht. Der eigenwillige, etwas unsichere Stand der Figur, der gebrochene Rhythmus ihres Umrisses, die nach oben sich verjüngenden Proportionen des Körpers scheinen auf ein Jugendwerk des großen, spätklassischen Meisters, vor der Mitte des 4. Jh., hinzuweisen.

94 Torso des Doryphoros. Römische Nachbildung einer Statue des Polyklet. Fundort Rom, Palatin. Das verlorene Original entstand um 440 v. Chr. Berlin, Pergamon-Museum. Höhe: 131 cm. Pentelischer Marmor. Obwohl nur als Torso erhalten, ist diese antike Nachbildung die beste Überlieferung des berühmten, hochklassischen Speerträgers des Polyklet. Im einzelnen ist der metallene Charakter der Formgebung in dem Marmorwerk meisterhaft wiedergegeben, die Syntax polykletischer Formenlehre eindrucksvoll überliefert. Stand- und Spielbein sind scharf gesondert, das Becken infolge dieser Sonderung schräg gestellt. Diese Schräge wird durch Biegung des Rumpfes in eine entgegengesetzte Schräge der Schultern übergeleitet, so daß die rechte Schulter tiefer liegt als die linke. Dem fest aufstehenden, rechten Standbein entspricht der locker herabgeführte, frei hängende rechte Arm, dem locker gewinkelten Spielbein der angewinkelte linke Arm, dessen Hand die Lanze trug. Der Kopf war – wie andere Kopien zeigen – in einer leichten, aber nachdrücklichen Wendung zur rechten Schulter gedreht. Das ebenfalls auf dem römischen Palatin gefundene vorzügliche Fragment einer Kopfreplik des Doryphoros im Thermenmuseum zu Rom ist vielleicht diesem Torso zugehörig.

95 Hermes des Praxiteles. Um 340 v. Chr. Olympia, Museum. Höhe: 215 cm. Parischer Marmor. Dieses spätklassische Original wurde 1877 in der Cella des alten Heratempels in Olympia ausgegraben. Ergänzungen: rechter Unterschenkel, linker Unterschenkel mit Fuß, unterster Teil des Stammes. Das rechte Standbein des Hermes und der Baumstamm mit dem Gewand sind die Träger der Komposition. Dem aufgestützten, gewinkelten Arm, der das Dionysosknäblein trägt, entsprach im Gegensinn der emporgehobene rechte, dessen Hand – wie entsprechend ein pompejanisches Wandbild zeigt – eine Weintraube dem Knaben lockend entgegenhält. Dem verspielten Motiv entspricht die idyllische Ruhe und Abgeschlossenheit der Szene. Spuren einer Überarbeitung, die auf Grund der verwendeten Werkzeuge in römischer Zeit erfolgt sein muß, finden sich am Rücken des Hermes und am Baumstamm. Ferner ist die Vorderseite des Rumpfes – wohl erst modern – geputzt. Sie wirkt daher wie poliert. Dennoch sollte man nicht zweifeln, daß uns in dieser Statue die originale Arbeit des Praxiteles erhalten ist, die Pausanias im 2. Jh. n. Chr. beschrieb.

96 Der Schaber (Apoxyomenos) des Lysipp. Fundort Rom-Trastevere. Römische Kopie nach einem Original der Zeit um 320 v. Chr. Rom, Vatikan. Höhe: 205 cm. Feinkörniger, weißgelber Marmor. Erstaunlich gut ist die Erhaltung der Statue. Ergänzungen: ein Teil der Nase, das linke Ohr, die Stütze, die von der linken Hand zur Brust führt, ein Teil des Schabeisens und des Daumens der rechten Hand, die Ränder der Plinthe. Die gute Kopie gibt einen lebendigen Eindruck von einem Werk der reifen Zeit des Lysipp. Die Proportion mit den langen, beweglichen Beinen und dem kleinen, gerundeten Oberkörper ist typisch lysippisch, ebenso der schwanke Stand, die gleichsam pendelnde Balance. Der nervöse, angespannte Ausdruck des Gesichts, verbunden mit der eigentümlich unbestimmten Richtung des Blicks in die Ferne wirkt fast porträthaft; jedenfalls hat das Antlitz persönliche Züge sowohl im Sinne des Dargestellten wie des darstellenden Künstlers. Der Typus des Athleten, einer durch zwei Jahrhunderte hin so oft gebildeten Siegerstatue, scheint in dieser „romantischen" spätklassischen Prägung aus seiner Anonymität herausgetreten zu sein (vgl. Abb. 86/87).

97 Bronzestatuette des Poseidon. Um 150–140 v. Chr. München, Antikensammlungen (früher Slg. Loeb). Höhe: 30,5 cm. Die Statuette ist vollkommen erhalten; nur die Füße und der Dreizack sind ergänzt. Einem bedeutenden Erzbildner späthellenistischer Zeit ist es gelungen, in dieser kleinen Figur des Poseidon dessen eigenes Element, das Meer, in dem wogenden Rhythmus der Gestalt, der weit hinrollenden Bewegung der Arme, dem zerfurchten Gesicht, dem zerfetzten Haar- und Schilfkranz, zu vergegenwärtigen. Denn die Figur bildet nicht ein Symbol oder eine Repräsentation des Meeres, sondern seine leibhaftige Verkörperung. In einer letzten, zu größter Wirkung gesteigerten Form ist hier in der Gestalt des Gottes seine Idee und die Wirklichkeit seines Elements vereinigt.

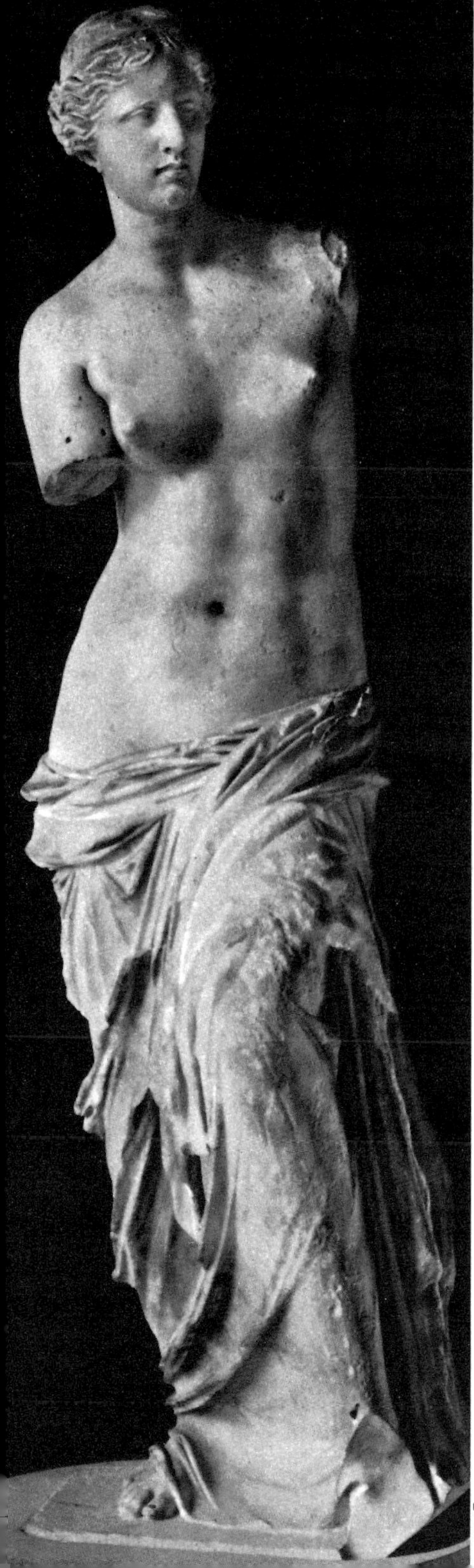

91 ◁

92 ▷

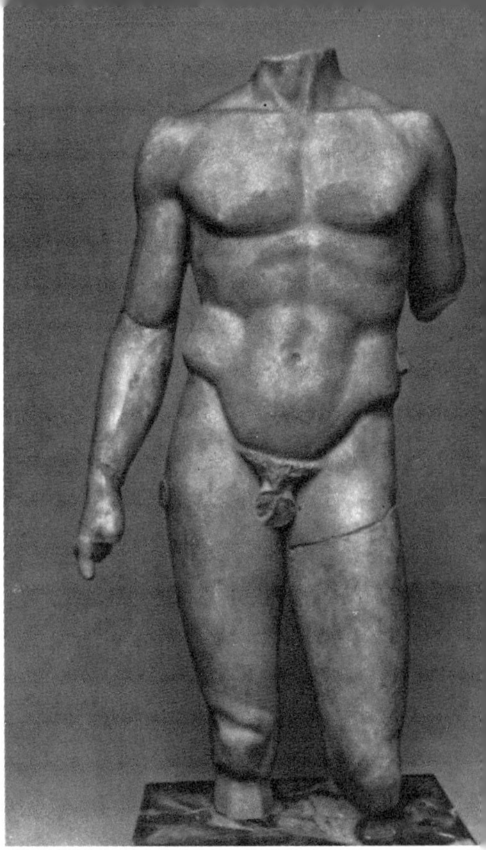

△ 93 ▽ 95 △ 94 ▽ 96 ▷ 97

△ 98 ▽ 100 △ 99 ▽ 101 ▷102

◁103 ◁104 △105 ▽ 106

98/99 BRONZESTATUETTE EINES DISKUSWERFERS. Römische Nachbildung des berühmten Diskobol des Myron; das Original entstand um die Mitte des 5. Jh. v. Chr. München, Antikensammlungen. Höhe bis zur Schulter: 28 cm. Ergänzungen: rechter Fuß und Diskus. Nach dem Stil des Kopfes ist diese Kopie um die Wende des 2. zum 3. Jh. n. Chr. gefertigt worden. Die Modellierung des Körpers geht über die flächige Ruhe des Originals des Myron hinaus in einer plastischen Übertreibung der Einzelformen und Muskelpartien. Dennoch gibt die kleine Figur sowohl durch ihr Material wie im Gesamtzusammenhang eine lebendige Vorstellung von dem verlorenen Erzbild des Myron, das zu Beginn der Hochklassik entstand. In höchstem Maß erstaunlich und bewundernswert ist, wie der Künstler die wirbelnde Bewegung in eine ausgebreitete, einansichtige Komposition gezwungen hat, drehte sich doch der den Diskuswurf vollziehende Athlet mindestens einmal auf dem festwurzelnden, rechten Bein um seine eigene Achse. Unsere Vorstellung also, die durch die Hauptansicht des Kunstwerkes erzeugt wird, daß es sich lediglich um ein weit ausholendes Zurückschwingen des rechten Armes mit dem Diskus handle, ist durchaus falsch. Zum Verständnis dieses raumhaltigen Kunstwerkes ist der Vergleich seiner verschiedenen Ansichten nötig.

100/101 BRONZESTATUETTE EINES BADENDEN MÄDCHENS. Um 100 v. Chr. München, Antikensammlungen. Höhe: 25 cm. Die Statuette wurde angeblich in Beröa, dem heutigen Werria, im Inneren Makedoniens, gefunden. Die heute fehlenden Arme waren gesondert gegossen und angesetzt. Diese späthellenistische Statuette mit Zügen klassizistischer Glätte ist in feinstem Hohlguß hergestellt; ihre Wandung beträgt durchschnittlich 1 mm. Am Rücken finden sich sauber eingesetzte kleine rechteckige Flicken, wie sie in der Antike eingeklopft zu werden pflegten, um kleine Fehlstellen des Gusses auszufüllen. Die tiefdunkle, schwarzgrüne Patina ist antik. Die Augen und ein feiner Streifen an jedem Ende der Haubenbänder sind aus Silber eingelegt. Die Pupillen waren aus farbigem Glasfluß oder Stein eingesetzt.

102, 103, KAMPFSZENEN AUS DEM PERGAMONFRIES.
105, 106 Um 180–160 v. Chr. Berlin, Pergamon-Museum. Höhe des Friesbandes: 230 cm; Relieftiefe: 50 cm. Kleinasiatischer Marmor. Aphrodite (Abb. 102). Nyx, Göttin der Nacht (Abb. 103), Athena (Abb. 105) und Zeus (Abb. 106) im Kampf mit den Giganten. Das Friesband hatte mit 118 Platten auf einer Länge von 190 m um das gesamte Podium kolossale Dimensionen. Die gewaltigen, überlebensgroßen, fast vollplastisch herausgearbeiteten Figuren schildern mit barockem Pathos den Kampf der Götter und Giganten. Die für den hohen Hellenismus typische, zu höchster Ausdruckskraft gesteigerte, rauschend bewegte, stark plastische Formgebung der Skulpturen wird gebändigt und gehalten durch die horizontalen Akzente der Architektur, durch den schweren Sockel und seine Profilierung unter dem Fries sowie durch das scharf herausspringende, reichgegliederte Gesims oberhalb des Friesbandes. Der große Altar wurde von Eumenes II. von Pergamon (197–159 v. Chr.) zur Erinnerung an die Siege seines Vaters Attalos I. (241–197) errichtet.

104 NIKE VON SAMOTHRAKE. Um 180 v. Chr. Paris, Louvre. Höhe: 245 cm. Parischer Marmor. Ausgegraben 1863 im Heiligtum der Großen Götter auf Samothrake. Ergänzt ist der linke Flügel, die rechte Brust. Bei Nachgrabungen im Jahr 1950 wurde die rechte Hand der Figur gefunden; ferner ein Teil des rechten Ringfingers und des Daumens. Die Hand umschloß eine schmale Siegesbinde. Der (verlorene) Kopf war leicht zur linken Schulter gewendet. Die mächtige Gestalt stand – gleich einer lebendigen Gallionsfigur – oberhalb des Heiligtums von Samothrake jenseits einer Schlucht auf dem Vorderdeck eines steinernen Schiffes. Für sie und ihr Postament war eine Nische in den Berghang eingeschoben. Der Betrachter sah die Figur vermutlich schräg von ihrer linken Seite. In dieser breiten Hauptansicht kommt der ganze Reichtum ihrer Komposition voll zur Geltung. Der Kopf war nach Norden, dem Meer zugewendet. Vom Sturm der Bewegung, mit dem die Göttin das Admiralsschiff zum Siege führt, ist die ganze hochhellenistische Gestalt und jede einzelne Falte ihrer flatternden Gewänder erfüllt.

ARCHITEKTUR

Die Anfänge monumentaler Architektur in Griechenland sind – wie bei den meisten Kulturen – durch die Religion bestimmt. Da der griechische Totenkult bis in die klassische Zeit hinein keine architektonischen Anlagen entwickelte, vielmehr mit Grabhügeln und Grabmälern (Stelen) sich begnügte, ist der *Tempelbau* die erste und für lange Zeit einzige Form, in der das Griechentum architektonische Gedanken verwirklicht hat, die über das rein Zweckmäßige und Notwendige hinausgingen. Die frühe Religion wollte ihren Vorstellungen in repräsentativer Form Ausdruck und Wohnstatt geben, um damit an einer durch Pracht und Größe ausgezeichneten Stätte in der Welt des Diesseits in Erscheinung zu treten. Die frühesten solcher Tempelbauten stammen aus dem Ende des 9. Jh. v. Chr., zahlreicher werden sie im Verlauf des 8. Jh. Jedenfalls hat es schon in *geometrischer Zeit* Bauwerke gegeben, die den Anspruch auf *Monumentalität* stellten und auch erfüllten. Es waren meist schmale, langgestreckte Gebäude mit einer mittleren Stützenstellung im Innenraum; später, im 8. Jh., mit einem Kranz von Säulen rund um das eigentliche Tempelhaus, die *Cella*.

Einen solchen *Ringhallentempel* gab es zu Beginn des 8. Jh. v. Chr. auf *Samos*. Dieser *Tempel der Hera* war ein „Hundertfüßer". Seine Länge betrug 100 samische Fuß und damit 33 m, doch war er nur 6,5 m breit; zudem war er im Innern der Länge nach aufgeteilt durch eine Stellung von Mittelstützen, die Querbalken und auf diesen die Ständer für den Firstbalken trugen. So ergab sich ein absonderlicher, korridorartiger, schmaler Raum, in dem man sich nicht recht die Aufstellung eines Kultbildes oder die Durchführung einer Kulthandlung vorstellen kann. Neben diesen überlängten, fast hybriden Formen frühester Architektur gab es auch einfache, rechteckige Bauten mit einer Vorhalle. Dieser sog. *Megarontypus* findet sich vor allem im dorischen Gebiet, in *Tiryns* oder in *Dreros auf Kreta*. Der griechische Tempel war Schrein für das Kultbild, der Gottesdienst fand im Freien am Altar statt. So stattlich und eindrucksvoll die Ausmaße der *frühen Tempel* waren, so bescheiden und urtümlich war ihre Bauweise: ein niederer Sockel aus Bruchsteinen, darauf die Cellawand aus luftgetrockneten Ziegeln, von Balkenwerk durchschossen. Die *Innenstützen* wie die *Säulen der Ringhalle* waren aus *Holz;* ihre Fundierung bildeten *Steinplatten*. Das Gebälk und die Konstruktion des niederen Dachstuhls, mit Giebeln an den Schmalseiten, war ebenfalls aus Holz; oft mit *Terrakottaplatten* verkleidet und mit *tönernen Dachziegeln* gedeckt.

Wichtiger als dieser Befund, den uns Grabungen auf den griechischen Inseln, im Peloponnes und in Mittelgriechenland bezeugen, ist die Tatsache, daß schon an diesen Bauwerken der *geometrischen* Zeit trotz ihrer Einfachheit, ja Dürftigkeit in der Ausführung alle wesentlichen Fragen der griechischen Architektur und ihrer Ordnungen gestellt wurden, findet doch die *dorische* wie die *ionische Ordnung* in diesen Vorläufern monumentaler Steinarchitektur ihre früheste, grundsätzliche Festlegung. Damals wurde eine erste Syntax und Formenlehre griechischer Architektur geschaffen, die in *archaischer* Zeit zur machtvollen Sprache des *Steinbaus* gewandelt und dann von der *Klassik* zur höchsten Gesetzmäßigkeit entwickelt werden sollte.

Die Festlegung der *dorischen* (Abb. 107, 111) wie der *ionischen Ordnung* (Abb. 108, 109) hat gewiß viele Generationen von Baumeistern und Werkleuten beschäftigt. Viele Versuche wurden angestellt, Erfahrungen gesammelt, ehe sie mit dem 6. Jh. v. Chr. und dem *Steinbau,* wenn nicht endgültige, so doch feste Form gewann. Beim dorischen wie beim ionischen Tempel – speziell beim *Ringhallentempel* – war eine *dreifache Gliederung* für den Aufbau kanonisch. Er bestand aus dem *Stufenbau,* dem *Säulenstand* und dem *Gebälk.* Diese scheinbar selbstverständliche, uns so gewohnte Abfolge ist am *dorischen Tempel* besonders streng und konsequent gestaltet (Abb. 118–123, 130–132, 135). Wiederholt doch das *Gebälk* (Epistyl) den gesamten Aufbau noch einmal in seinen Formen und Proportionen, wenn man den *Architrav* – entsprechend dem Stufenbau – als lagerndes Bauglied und damit als Basis des weiteren Aufbaus ansieht, das *Triglyphon* mit den senkrechten Stützen der pfeilerförmigen *Triglyphen* und den die Zwischenräume füllenden *Metopenplatten* als gewandelte Wiederholung der Säulen und Interkolumnien, endlich das *Geison* (Gesims) als den endgültigen horizontalen Abschluß des Aufbaus im ganzen, des Gebälks im besonderen. Mit der *Sima* (Traufleiste), dem aufgebogenen Dachrand und den plastischen Giebelverzierungen, den *Akroteren,* erreicht dann der Bau seinen letzten, nur den *Frontseiten* eigenen Abschluß. An den *Langseiten* wiederholt sich dieser Aufbau in gleicher Folge, nur daß über dem der Dachschräge folgenden, geneigten Geison eine *Sima mit Wasserspeiern oder einzelnen Stirnziegeln* sitzt. Im Gegensatz zu der in Kleinasien entwickelten, schwellenden ostionischen Form der Tempelarchitektur ist in Attika die präzise und kleinteilig gestraffte sog. *attisch-ionische Ordnung* – vor allem bei dem Athener *Erechtheion* und dem *Niketempel* – zur Durchführung gekommen. Sie kennt ebenfalls die Abfolge von Stufenbau, ionischem Säulenstand und Gebälk (Abb. 108, 125). Nur ist der Architrav – darin dem Stufenbau noch ähnlicher – in drei schmale, horizontale Streifen, die *Fascien,* aufgeteilt und mit einem reich ornamentierten Profil gekrönt. An Stelle des Triglyphons ist ein durchlaufendes Friesband umgelegt; das schmale Geison ist ebenfalls mit Ornament geziert.
Die *ionische Säule* (Abb. 109) kann eine reiche Durchgliederung erfahren, an der Basis durch Wulst (Torus) und Hohlkehle (Trochilos), am Säulenhals durch Reliefornament (Abb. 112, 125, 133). Die Säulenbasen und Schäfte (Abb. 125, 126, 127, 129) zeigen die attisch-ionische Ordnung in der klassischen Formgebung, die in der zweiten Hälfte des 5. Jh. v. Chr. in Athen und Attika geschaffen wurde.
In wesentlichen Zügen ist die *korinthische Säule* mit der ionischen verwandt. Die Schemazeichnung Abb. 112 zeigt die für das *ionische Kapitell* typischen *Voluten,* während Abb. 113 den locker gefügten Aufbau der *Akanthusblätter* des *korinthischen Kapitells* erkennen läßt. Das *Kapitell* der *dorischen Säule* dagegen kennt nur den gerundeten, nach oben strebenden *Wulst (Echinus),* dem die harte Quadratur der *Deckplatte,* des *Abakus,* aufliegt (Abb. 118).
Zu den ältesten Tempeln aus Stein gehören das Heraion von Olympia, das vom Ende des 7. Jh., und der Apollontempel in Korinth, der aus der Mitte des 6. Jh. v. Chr. stammt. Beide sind im Peloponnes und daher im dorischen Baustil geschaffen. Während der Heratempel in Olympia ursprünglich von Holzsäulen umkränzt war, die erst nach und nach

im Verlauf der Jahrhunderte durch Steinsäulen ersetzt wurden, ist der *Apollontempel von Korinth* (Abb. 122, 123) eines der ersten uns bekannten Beispiele eines *Steintempels,* der gleichsam „aus einem Guß“ in Stein geplant und ausgeführt wurde. Sein Grundriß zeigt noch eine relativ gestreckte Form, indem den 6 Säulen der Front 15 an den Langseiten entsprechen (Abb. 114). Es ist fraglich, ob in dieser Längung ein altertümlicher Zug, von geometrischer Zeit herkommend, zu sehen ist, oder ob praktische Notwendigkeiten den Anlaß gaben. Besteht doch das eigentliche Tempelhaus aus zwei Räumen, deren östlicher mit 8 Innensäulen fast doppelt so groß ist wie der westliche mit nur 4 Innensäulen. Von den insgesamt 38 Säulen stehen noch 7 aufrecht, die den gewaltigen Architrav der südlichen Front- und westlichen Langseite tragen; jede ist aus einem Stein gearbeitet (Abb. 122, 123). Natürlich war die Steinbauweise für Erdbeben, die am Isthmus so häufig sind, besonders anfällig. Doch stellen diese 7 Säulen von der Südwestecke des Apollontempels von Korinth in ihrer wuchtigen Gestalt, mit dem schwerlastenden Architrav darüber, heute noch das großartigste anschauliche Beispiel *archaisch-dorischer Baukunst* in Griechenland dar. Allerdings ist der Tempel nicht so ur- und altertümlich, wie man früher glaubte. Er dürfte bald nach der Mitte des 6. Jh. entstanden sein.
Älter ist das *Heraion von Olympia,* um die Wende des 7. zum 6. Jh. v. Chr. entstanden. Einige seiner Säulen und Kapitelle zeigen noch höchst altertümliche Formen (Abb. 118), andere sind dagegen aus klassischer und späterer Zeit.
Aus der Zeit der *hohen Klassik,* dem 5. Jh., sind zwei Tempel bekannt, die nicht nur für die heutige Kenntnis, sondern schon in der Antike Beispiele vollendeter griechischer Baukunst darstellten: der *Zeustempel von Olympia* und der *Parthenon auf der Akropolis von Athen.* Sie entstanden in der großen und glücklichen Zeit der Pentekontaëtie, in jenem halben Jahrhundert, das sich von dem Datum der Schlacht von Salamis (480 v. Chr.) bis zum Beginn des Peloponnesischen Krieges (431 v. Chr.) erstreckt. Der Zeustempel wurde in den siebziger Jahren begonnen und war 456 v. Chr. vollendet. Der Parthenon wurde zwischen 448 und 432 v. Chr. errichtet, nach Aussage von Inschriften, die uns in Resten erhalten sind. Diese beiden Tempel waren wohl die berühmtesten Tempelbauten des griechischen Mutterlandes. Jeder von ihnen barg ein Kultbild von der Hand des *Phidias;* jeder war im *dorischen Stil* erbaut; jeder reich mit Skulpturen geschmückt. Und doch bestehen zwischen diesen beiden Bauten gewichtige Unterschiede, wie schon ein Blick auf die Gestaltung der Grundrisse lehrt. Da erweist sich der Zeustempel (Abb. 115) als ein Musterbeispiel strengster, wahrhaft kanonischer dorischer Ordnung; der Parthenon (Abb. 116) als ein Individualist, als eine einmalige, höchst persönliche Schöpfung. Der *Zeustempel von Olympia* zeigt das klassische Verhältnis von 6 × 13 Säulen (vgl. Abb. 111, 130). Seine Cella ist fest in das Gehege der Säulen eingebunden, denn die Cellawände liegen in der Flucht der zweiten Frontsäulen, die Cellafronten in der Achse der zweiten Langseitenjoche. Damit sind die Umgänge an den Frontseiten 1½ Joche, an den Langseiten 1 Joch breit. Das Tempelhaus selbst mit Vorder- und Hinterraum (Pronaos und Opisthodomos) und der eigentlichen, das Kultbild bergenden Cella ist völlig gleichgewichtig eingeordnet. Seine Längsmauern sind beiderseits zu Anten zu verlängert, so daß zwischen ihnen je zwei Säulen „in antis“ ihren Platz haben.

Der *Parthenon von Athen* dagegen ist mächtig verbreitert zu einem Bau mit 8 Säulen an den Fronten; ihnen entsprechen 17 an den Langseiten. Bei einer solchen Breite war eine Cella mit nur 2 Säulen „in antis" wie beim Zeustempel in Olympia nicht möglich. Ein genialer Gedanke des Architekten stellte je 6 kleinere dorische Säulen, durch zwei Stufen erhöht, vor beide Cellafronten. Er fand damit eine für ein dorisches Bauwerk völlig singuläre Lösung. Er dehnte zugleich die Cella, so daß die Umgänge der Langseiten verhältnismäßig schmal, der Innenraum aber – und somit der Raum für das Kultbild – weit und breit wurde. Von dieser Kultstatue, dem *Goldelfenbeinbild der Athena Parthenos,* scheint die ganze Planung des Tempels und seines Grundrisses auszugehen. Ihm Raum zu schaffen, es frei in dem geweihten Raum aufzubauen, von einer Säulenstellung weit umzogen, scheint das Bestreben dieses Planentwurfs und seines Schöpfers gewesen zu sein (vgl. Abb. 132, 134). *Phidias,* dem die Oberleitung des ganzen gewaltigen Bauvorhabens von Perikles übertragen war, wird entscheidend an dieser Planung beteiligt gewesen sein.

Beim *Zeustempel von Olympia,* als dessen Architekt *Libon von Elis* bezeugt ist, hat der Aufbau der Front- und Langseiten kanonische Gültigkeit (Abb. 111, 130). Gerade im Aufriß der Ostfront wird deutlich, wie die vier Mittelsäulen vor dem Körper des Cellabaus stehen, die Eckinterkolumnien rechts und links vor dem freien Luftraum der seitlichen Umgänge. Grundriß und Aufriß sind eng miteinander verbunden. Der Bau ist nach dem Grundmaß einer Elle von 52,1 cm proportioniert. Das normale Joch – die Eckjoche sind kontrahiert – ist auf allen Seiten 10 Ellen breit. Die Cella war in der Grundplanung 3 Joche (= 30 Ellen) breit, 9 Joche (= 90 Ellen) lang, also 1 : 3 proportioniert. Die Höhe der Säulen – und damit der Joche – beträgt das Doppelte wie die Breite der Joche, nämlich 20 Ellen. Eine Triglyphe und eine Metope sind zusammen 5 Ellen lang; ihrer zwei lagern über einem Joch von 10 Ellen Breite. Die Säulen der Langseiten sind im unteren wie im oberen Durchmesser um 4 cm schmäler als die der Frontseiten. Die Verjüngung nach oben zeigt aber bei beiden den gleichen Betrag von einer Elle. Diese Zahlen und Proportionen sollen zeigen, mit welcher rechnerischen Strenge, ja Pedanterie die Planung des Zeustempels von Olympia entworfen und durchgeführt wurde. Demgegenüber finden sich beim *Parthenon* lauter Ausnahmen. So frei und souverän der Grundriß zugunsten der Cella und ihres Innenraumes gedehnt wurde (Abb. 116), so reich und vielfältig, für uns kaum mehr erkennbar, ist auch der Aufbau des Parthenons gestuft und nuanciert (Abb. 119, 120). Das beginnt schon beim Stufenbau und seiner nachweisbaren Kurvatur, seiner überlegten Proportionierung in Höhe und Tiefe der Stufen. Dieser Reichtum an Nuancen setzt sich fort im Stand der Säulen, die der Kurvierung der obersten Stufe Rechnung tragen und zugleich ein wenig zur Cella hin geneigt sind. Es gipfelt diese so sehr ausgewogene Bauweise im Gebälk, das die Kurvatur vom Stufenbau übernimmt und bis zum Geison emporhebt. Kein Bau der griechischen Welt stellte solche Anforderungen an die ausführenden Bauhandwerker wie der Parthenon. Keiner vermag auch so viel an atmendem Leben und feinster Nuance dem verwendeten Stein mitzuteilen.

Der *Parthenon* ist der unbestrittene König der Burg von Athen (Abb. 117, Nr. 7). Auf

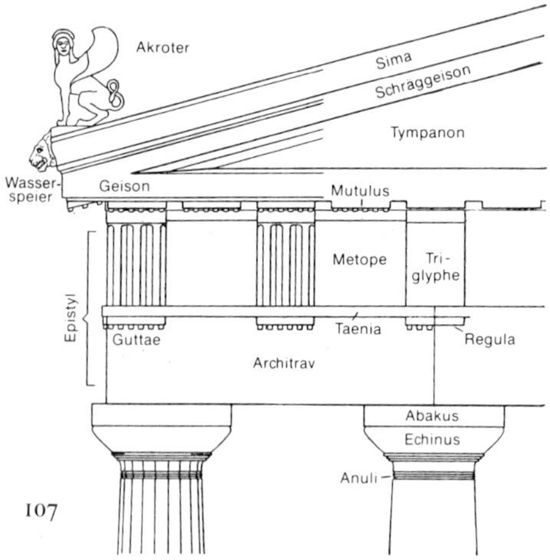

107

108

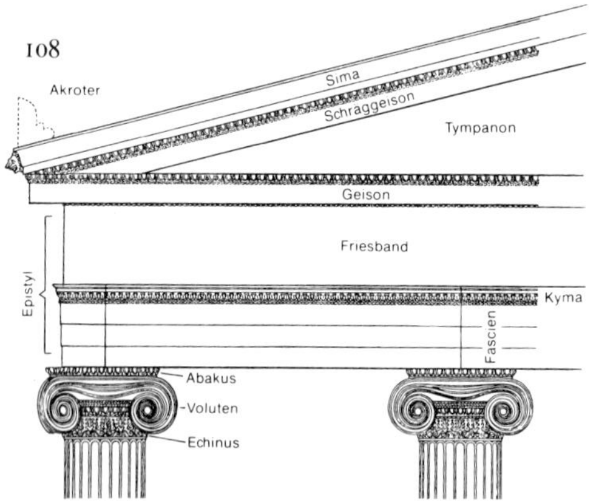

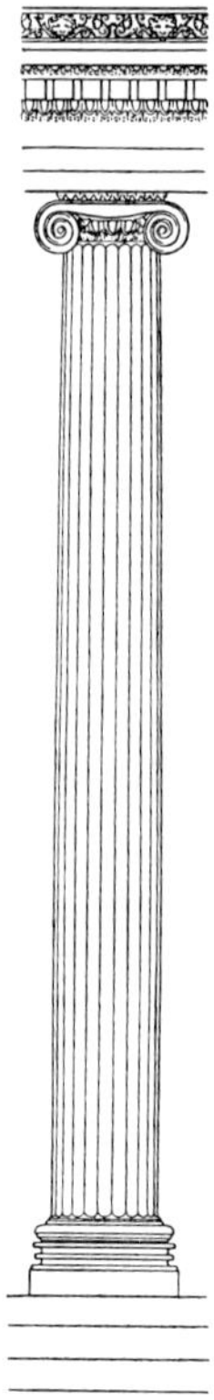

109

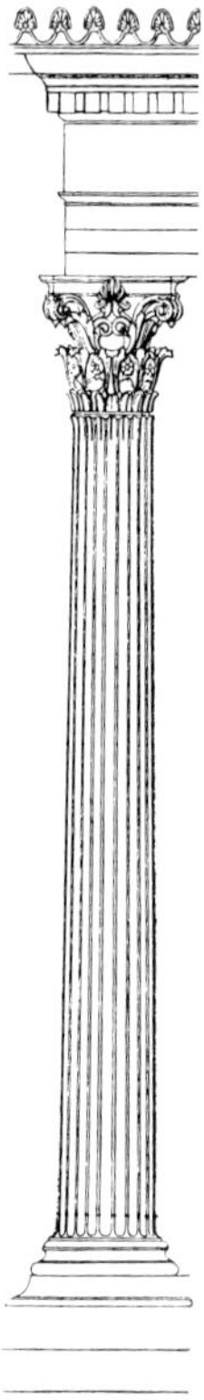

110

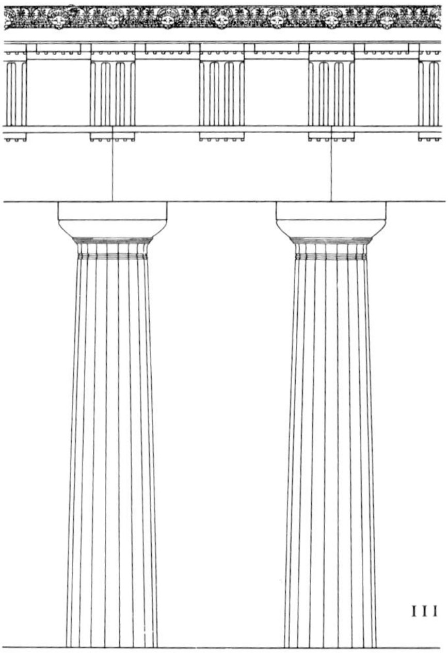

111

107 Dorische Ordnung. Aphaiatempel von Ägina. Schema des Außenbaus. Um 510–500 v. Chr. Der einer lokalen Göttin geweihte Tempel zeigt die dorische Ordnung in ihrer frühesten klassischen Prägung: den Wulst des Kapitells (Echinus) straff emporgezogen, die knappe, quadratische Deckplatte (Abakus) darüber; unter dem Kapitell am Säulenhals ringförmige Einkerbungen (Anuli). Das waagrechte Gebälk (Epistyl) über den Säulen setzt sich zusammen aus dem Architrav, der eine durchlaufende Leiste (Taenia) am oberen Rand hat, und darüber dem Metopen-Triglyphenfries (Triglyphon), aus den senkrecht gegliederten Dreistegen (Triglyphen), zwischen denen Platten (Metopen) eingefalzt sind. Unter jeder Triglyphe sitzt eine kurze Querleiste (Regula)

112

113

mit Tropfen (Guttae). Das vorkragende Gesims (Geison), an dessen Unterseite über der Mitte von Triglyphen und Metopen je eine Platte (Mutulus) mit den nagelkopfartigen Guttae sitzt, bildet die obere Begrenzung des Gebälks, das Schräggeison die Rahmung des Giebelfeldes (Tympanon). Der letzte Abschluß des Aufbaus besteht aus der Traufleiste (Sima) für die seitliche Ableitung des Regenwassers zu den löwenkopfartigen Wasserspeiern. An den Giebelecken sitzt als Akroter (grch. Akroterion = Giebelverzierung) je eine Sphinxfigur. Zahlreiche Konstruktionselemente der dorischen Ordnung lassen ihre Abstammung von der älteren Holzbauweise erkennen.

108 Attisch-ionische Ordnung. Nordhalle des Erechtheions, Athen, Akropolis. Schema. Um 420 v. Chr. Die ionische Ordnung ist insgesamt schlanker, zierlicher, schwungvoller, eleganter als vergleichsweise die dorische. Sie gliedert den Architrav in drei horizontale, jeweils ein wenig vorkragende Streifen (Fascien) und schmückt ihn oben mit einem Profil, einem ionischen Kyma, das aus Eierstab und Perlschnur besteht; darüber ein umlaufendes Friesband, ein schmales Gesims (Geison), ebenfalls mit Zierprofil am oberen Rand.

109 Ionische Ordnung, wie sie sich in Kleinasien im Lauf des 4. Jh. v. Chr. entwickelte. Säule der Langseite des Athenatempels von Priene. Schema. Um 340 v. Chr. Die Basis der schlankwüchsig aufstrebenden ionischen Säule ruht auf einer viereckigen Platte (Plinthe) und ist durch Hohlkehlen (Trochilen) sowie den nach oben überleitenden Wulst (Torus) reich gegliedert. Die – in der Regel 24 – eingetieften Kanneluren des Schaftes sind durch schmale Stege (nicht Grate!) getrennt. Die verjüngende Schwellung (Entasis) nach oben ist kaum ausgeprägt. Typisch für das auf Vorderansicht gearbeitete ionische Kapitell sind die beiden großen, seitlich ausladenden, schneckenförmigen Voluten. An der Schmalseite bilden sie das sog. Polster. Der Echinus am Säulenhals ist als Eierstab ornamentiert, der Abakus (Deckplatte) bildet nur eine schmale Zone zwischen Säule und darüberliegendem Architrav. Die Frieszone schließt mit ionischem Kyma (Schmuckleiste mit Eier- und Perlstab), Zahnschnitt und Zierprofil nach oben an; schließlich Geison.

110 Korinthische Ordnung. Schema. Die korinthische Ordnung ist im wesentlichen nur durch die typische Form des plastisch aufgelockerten Blattkapitells von der ionischen Ordnung unterschieden, während die reichgegliederte Säulenbasis, der kannelierte Schaft der Säule und die Gliederung des Gebälks der ionischen Ordnung verwandt sind. Korinthische Kapitelle wurden erst seit dem Ende des 5. Jh. v. Chr. geschaffen. In der hellenistischen und besonders auch der römischen Kunst war diese aufwendige, durchbrochene Form sehr beliebt (vgl. Abb. 113).

111 Zeustempel von Olympia. Aufriß der Langseite. Um 475–456 v. Chr. Die stämmigen Säulen der dorischen Ordnung stehen unmittelbar auf der obersten Stufe (Stylobat) der dreistufigen Tempelbasis (Krepis). Ihre Einziehung zum Säulenhals beträgt etwa ein Viertel des unteren Durchmessers, die Schwellung (Entasis) des Säulenschaftes verstärkt den Eindruck gespannter Kraft. Die – gewöhnlich 20 – flachen Kanneluren des Schaftes sind durch scharfkantige Grate getrennt (vgl. Rekonstruktion der Ostfront, Abb. 130). Als Joch wird der Säulenabstand von Achse zu Achse bezeichnet; Interkolumnium heißt der lichte Abstand zweier Säulen.

114

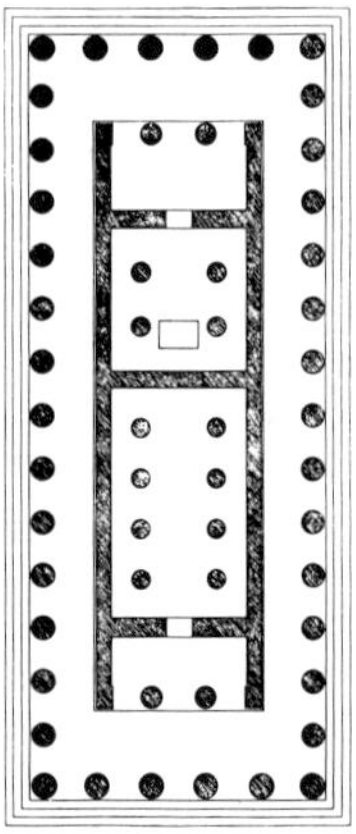

115

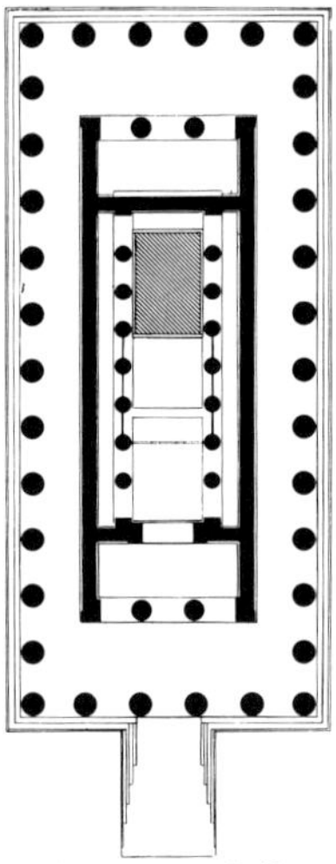

116

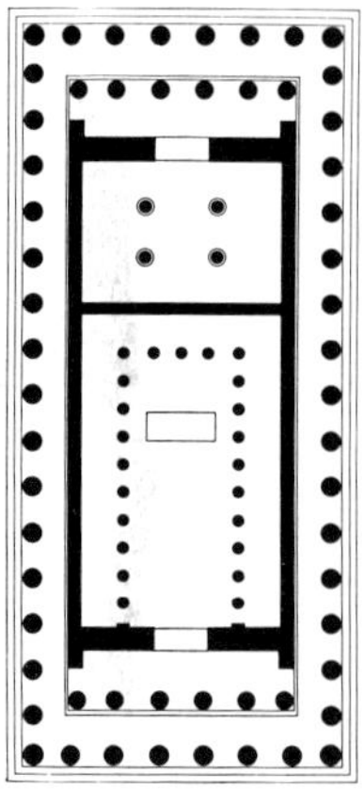

112 Ionisches Kapitell, vom Heratempel in Samos. Um 480 v. Chr. Rekonstruktion. Es weist einen reichgezierten Säulenhals mit doppeltem Voluten- und abwechselndem Lotosblüten-Palmettenfries auf sowie einen Echinus mit Eierstabornament und darüber das Polster mit den Voluten. Eine schmale Deckplatte (Abakus) krönt den Aufbau.

113 Korinthisches Kapitell, vom Tempel der Athena Alea in Tegea. Mitte 4. Jh. v. Chr. Rekonstruktion. Das korinthische Kapitell ordnet seine Zonen um einen korbartigen Kern (Kalathos). Zwei untere Blattkränze von Akanthus, die oberen großen Akanthusblätter und die diagonal zu den Ecken hin eingerollten Volutenranken (Helikes) bilden den reichen Aufbau, eine geschweifte, profilierte Deckplatte (Abakus) den Abschluß.

114 Apollontempel von Korinth. Grundriß. Maßstab 1 : 1200. Mitte 6. Jh. v. Chr. 6 × 15 Säulen; 21,60 × 53,80 m. Vier Stufen heben die Standfläche (Stylobat) des Tempelbaus nachdrücklich über den Felsboden des Heiligtums empor. Die eigentliche Cella mit ihrem Vorraum (Pronaos) ist nach Osten gerichtet. Eine doppelte Innensäulenstellung von je 4 Säulen teilte die Cella in drei Schiffe auf. Diese dorischen Innensäulen waren in zwei Stellungen übereinander angeordnet. Ein zweiter Raum öffnete sich nach Westen. Er hatte im Innern nur 4 Säulen. Vor seiner Rückwand, die ihn von der doppelt so großen östlichen Cella trennte, stand eine breite Basis. Er dürfte ebenfalls ein Kultraum gewesen sein (vgl. Abb. 122/123).

115 Zeustempel von Olympia. Grundriß. Maßstab 1 : 1200. Bauzeit etwa 470–456 v. Chr. 6 × 13 Säulen; 27,68 × 64,12 m. Der Innenraum der Cella ist durch zwei Reihen von je 7 doppelgeschossigen Säulen in ein breites Mittelschiff und zwei schmale Seitenschiffe geteilt. Das letzte Drittel des Mittelschiffes nimmt – vom fünften Säulenpaar bis zur Rückwand der Cella – die große Basis ein, auf der das Sitzbild des Zeus, aus Gold und Elfenbein von Phidias gefertigt, sich erhob (vgl. Aufriß der Ostfront Abb. 130, der Langseite Abb. 111).

116 Parthenon. Akropolis von Athen. Grundriß. Maßstab 1 : 1500. Bauzeit 448–432 v. Chr. Ringhalle mit 8 × 17 Säulen; 34 × 72,50 m. Der Breite der Frontseiten entspricht eine ungewöhnliche Breite der Cellafronten und des Cellaraumes. In ihm wurde die Stellung der doppelgeschossigen Innensäulen rechteckig um das Kultbild und seine Basis herumgeführt. Die Kultstatue der Athena Parthenos, aus Gold und Elfenbein von Phidias gebildet, war weit von der Rückwand der Cella zur Mitte des Raumes hin gerückt (vgl. Abb. 134; Gesamtansicht Abb. 119). Im westlichen Teil der Cella, dem eigentlichen Parthenon (Jungfrauengemach), vier ionische Säulen; darüber hölzerne Kassettendecke.

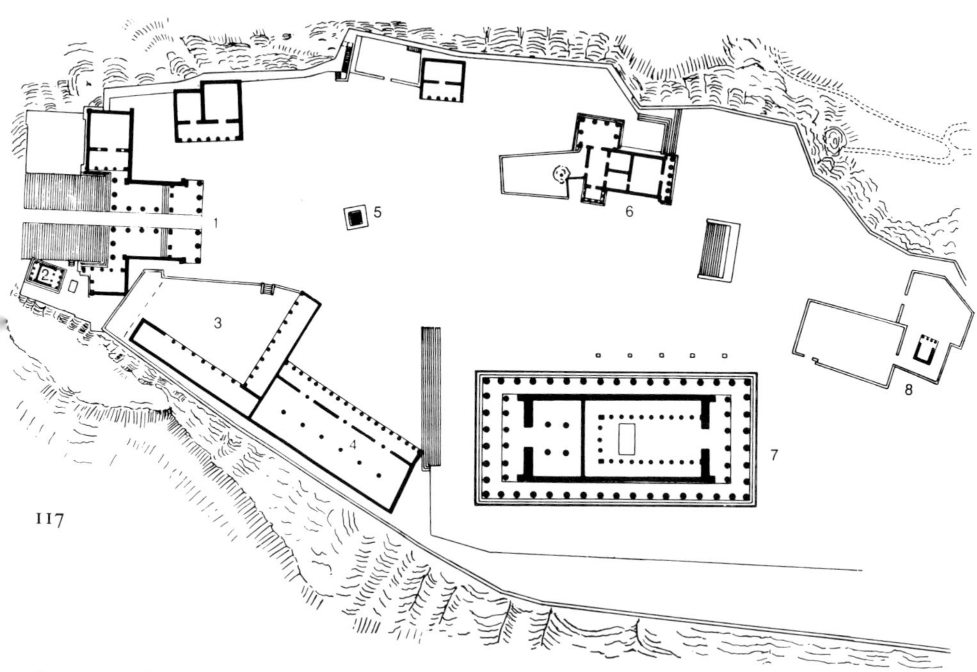

117

17 PLAN DER AKROPOLIS VON ATHEN in klassischer Zeit, Rekonstruktion. Die Akropolis von Athen ist ein Tafelberg, der sich nur 60–70 m über die attische Ebene erhebt (absolute Höhe 156 m ü. M.). Mit einer Länge von 300 m und einer Breite von 150 m bietet er ein fast bescheidenes, durch die Burghänge streng begrenztes Areal für Befestigungen, Heiligtümer und Tempel. Der Tafelberg dacht sich nach Westen ab, so daß nur von dieser Seite her ein natürlicher Zugang möglich ist. Hier wurde in der 2. Hälfte des 5. Jh. der berühmte Torbau der Propyläen (vgl. Abb. 131) angelegt, der die ganze Westseite umfaßt (1). Südlich der Propyläen liegt auf einem Felsvorsprung, der schon in klassischer Zeit als Bastion ausgebaut wurde, der kleine ionische Niketempel (2), dessen Erbauung sich anscheinend durch die ganze 2. Hälfte des 5. Jh. hinzog. Im Süden folgte hinter der Burgmauer der heilige Bezirk der Artemis von Brauron (3). Ihr Kult war von dem Ort Brauron, an der Ostküste Attikas gelegen, auf die Akropolis von Athen verpflanzt worden. Anschließend an dieses Heiligtum lag die sog. Chalkothek (4), ein größeres Gebäude, in dem Weihgeschenke für Athena aus kostbarem Metall aufbewahrt wurden. In der Achse der Propyläen stehen nach Osten hin der Rest eines Fundaments und die Krönung einer Basis (5), die vermutlich das 9 m hohe Bronzebild der Athena Promachos trug. Diese Kolossalstatue war von Phidias gefertigt. Ihre Lanzenspitze konnten angeblich die Seefahrer von Kap Sunion aus blinken sehen. An der Nordseite der Akropolis lag, zum Teil auf tieferem Gelände, ein komplizierter Baukomplex, den wir Erechtheion nennen (6). An seiner Südseite befindet sich die berühmte Korenhalle (vgl. Abb. 124). Die Ostseite und ihr Eingang in eine Tempelcella ist mit einer ionischen Säulenreihe geschmückt. Am westlichen Ende der Nordseite ragt von tieferem Niveau aus die berühmte Nordhalle des Erechtheions empor (vgl. Abb. 125). Anlage und Deutung der einzelnen Bauteile des Erechtheions sind noch ungeklärt. Das Bauwerk scheint schon 448 v. Chr. geplant gewesen und in Angriff genommen zu sein. Seine Vollendung erfolgte erst im vorletzten Jahrzehnt des 5. Jh. v. Chr. Der Parthenon (7) ist das größte Bauwerk der Akropolis. Nach Größe und Bedeutung bestimmte er ihr klassisches Antlitz; für seine Bauzeit werden die Jahre 448–432 angesetzt. In dieser kurzen Zeitspanne wurde auch der gesamte Skulpturenschmuck des Bauwerks ausgeführt (vgl. Abb. 81–84, 116, 119, 120, 132, 134). Nordöstlich vom Parthenon wurden Reste eines heiligen Bezirks gefunden, der wohl dem Zeus Polieus, dem Städtebeschirmer, geweiht war (8).

dem höchsten Rist des Burgberges gelegen, an der Südseite durch mächtige Fundamentmauern gestützt, überragt er alle anderen Bauten, die – gleichzeitig mit ihm oder wenig später errichtet – das *klassische* Antlitz der *Akropolis* für alle folgenden Zeiten bestimmten. Die anderen Bauten der Akropolis sind kleiner, zierlicher, vielteiliger: das *Erechtheion* durch seine kaum zu lösende Aufgabe, mehrere am Ort verwurzelte Kulte unter ein Dach zu bringen (Abb. 117, Nr. 6), die *Propyläen* durch ihre Bestimmung, als festliche Toranlage die Westseite der Akropolis, ihre einzige natürliche Aufgangsseite, architektonisch zu gestalten, den Heraufwandernden zu empfangen, zu geleiten und auf die Höhe des Heiligtums zu entlassen (Abb. 117, Nr. 1).

Das *Erechtheion* ist noch heute – trotz eindringlicher Untersuchungen – im Zusammenhang wie in der Zweckbestimmung seiner Räume ein nahezu unerklärter Bau. Schon sein Grundriß zeigt merkwürdige Anomalien. Im Westen wird er von einem schmalen Nord-Süd-Korridor begrenzt, der nur von der berühmten Nordhalle des Erechtheions zugänglich ist. Im Süden stößt er auf die Rückseite der *Korenhalle*, zu der er keinen repräsentativen Zugang besitzt. Wenn Korridor und Korenhalle auch in einer Achse liegen, so befinden sie sich doch am äußersten Westende des ganzen Bauwerks und haben gänzlich verschiedenes Niveau. Der eigentliche Cellabau dagegen entwickelt sich mit reicher Ornamentik gegen Osten hin, wo seine Schmal- und Frontseite in einer dem ionischen Stil durchaus entsprechenden Form mit sechs ionischen Säulen vor der Eingangswand *(Ostfront)* ausgestattet ist (Abb. 133). Im Innern des scheinbar so einfach gestalteten Tempelhauses ergeben sich jedoch mannigfache Schwierigkeiten, sowohl hinsichtlich des Niveaus als auch der Anordnung seiner Räumlichkeiten. – Ganz unverständlich aber ist die Lösung, die der Architekt für die Westseite des Gebäudes gefunden hat. Man wird in ihr wohl nur eine Notlösung sehen müssen, die einer Veränderung, vielleicht einer völligen Verkürzung der Gesamtplanung Rechnung trug. Nur dadurch erklärt es sich auch, daß die schöne *Nordhalle* (Abb. 125) über die Westflucht des Gebäudes nach Westen herausgerückt ist. In dem überstehenden Teil gewährt sie nur schmalen Zutritt zu einer westlichen Anlage, die man wohl als einen kleinen offenen heiligen Bezirk, als das Temenos der Tauschwestern, ansehen muß. Nur so erklärt es sich auch, daß die Korenhalle, das berühmte Schmuckstück des Erechtheions, ganz an das Ende der langen Südmauer des Cellabaus gerückt ist und auch von innen her keinen vernünftigen Zugang, ja, daß sie auf den ersten Blick keinen erkennbaren sinnvollen Zweck besitzt.

Trotz all dieser Unstimmigkeiten, die mit der Planung und Ausführung des Bauwerks sowie seinen vielfachen, widersprüchlichen, lokal bedingten Aufgaben zusammenhängen, gehört das Erechtheion zu den wenigen klassischen Bauwerken, die uns eine Vorstellung von den Ansprüchen geben können, die diese Zeit an die Ausführung bis ins letzte Ornament stellte; ferner an die Fähigkeiten, die die Bauleute und Bauhütten zur Erfüllung dieser Ansprüche entwickeln mußten. So ist die *Korenhalle* (Abb. 124) – allein und für sich gesehen – das schönste Beispiel für die Verbindung von Architektur und menschlicher Gestalt, das uns die Klassik hinterlassen hat; ein Beispiel, das schon in der Antike hochberühmt war und immer wieder kopiert wurde, um dann von der Renaissance und dem Klassizismus wieder aufgegriffen und unzählige Male wiederholt zu werden.

Das Verhältnis des Stufenbaus zum Sockel, des Sockels zu den auf ihm stehenden weiblichen Figuren ist von vollendeter Ausgewogenheit. Das Gebälk, obwohl streng der ionischen Ordnung folgend, wird leicht und mühelos von den Figuren getragen, deren reiche Frisuren kunstvoll so geordnet sind, daß sie unmerklich in die runden Polster überleiten, die auf den Köpfen der Mädchen liegen und zugleich die Basis für den Aufbau der ionischen Kapitelle bilden, die wiederum das Gebälk aufnehmen.
Wenn diese Mädchenfiguren, *Karyatiden* genannt, an die Stelle von schlanken Säulen getreten sind, so bilden die Säulen selbst, die sich am Erechtheion finden, Musterbeispiele feinster und reichster *ionischer Architektur klassischer Zeit.* Sechs ionische Säulen reihen sich vor der Ostfront auf, von denen eine durch Lord Elgin zu Beginn des 19. Jh. nach London und ins Britische Museum gebracht wurde. Sechs ionische Säulen bilden auch das Geviert, das als *Nordhalle* (Abb. 125) sich vor den Eingang zu dem genannten Nord-Süd-Korridor legt. Dieser Eingang wiederum, in der Tiefe der Nordhalle gelegen, wurde durch seine reiche ornamentierte Umrahmung, seinen von Konsolen getragenen Türsturz und die schönen Proportionen der Türöffnung zu einem klassischen Beispiel, das oft wiederholt wurde. Bei den *Säulen der Nordhalle des Erechtheions* sind die Basen besonders reich und differenziert gebildet (Abb. 126). Zwischen zwei Wülsten befindet sich die Kehle, die von dem breiteren, gleichsam gedrückten unteren Wulst zu dem oberen, reichgezierten überleitet. Auf ihm erhebt sich dann in schöner Schwingung der Schaft der Säule mit ihren schmalen, tiefen Kanneluren. – Einfacher, kräftiger sind die Basen der *Säulen vor der Ostfront des Niketempels* gebildet (Abb. 127). Hier ist der untere Wulst knapp und niedrig gehalten, die Einziehung im mittleren Glied straffer und flacher emporgeführt, der obere Wulst gleichmäßig horizontal gegliedert. – Von dem Reichtum weiterer Ornamentik gibt ein *Gesimsblock* eine Vorstellung, der zu dem umlaufenden Abschluß gehört, der die Quadermauer der Cella des Erechtheions krönt (Abb. 138). Ein breites Band mit emporgezogenem Palmetten-Lotosmuster wird von einem Eierstab und einem Blattstab-Kyma überlagert, zwischen denen sich wiederum feine Perlschnüre hinziehen. Die kräftigere, fleischigere Bildung archaischer Zeit (Abb. 136) erscheint hier rund 100 Jahre später feiner und vergeistigter in der Form, straffer in der Ausführung.
Den dritten Baukomplex auf der Akropolis bilden die *Propyläen* (Abb. 117, Nr. 1), die der ursprünglichen Planung nach die ganze Westseite vom Nike-Pyrgos bis zum Nordabhang hin in einer einheitlichen, monumentalen Form abschließen sollten. Ausgeführt wurde davon nur der mittlere Baukörper und der rechtwinklig angehängte Nordflügel, die sog. *Pinakothek.* Ihr südliches Gegenstück wurde auf die Hälfte verkürzt und verkümmert gestaltet, um dem Heiligtum der Athena Nike nicht allzuviel Raum zu nehmen. Für den von Westen her zu den Propyläen Hinaufsteigenden ist aber die gleichgewichtige, umfassende Form von Mittelbau und seitlichen Flügeln durch die dem Nordflügel streng entsprechende Fassade des verkleinerten Südflügels klar erkennbar. Der Mittelbau hob den Besucher in mehreren Etappen zum Niveau des Burgplateaus empor, auf das er durch die *Osthalle der Propyläen* und ihre schöne, zum Teil wiederhergestellte Säulenreihe entlassen wurde (Abb. 121). Die große Querwand dieses Mittelbaus enthält fünf Durchgänge, von denen der mittlere und größte dem Fahrweg Durchlaß gewährte, der

118 Säulen des Heraions von Olympia. 6. Jh. v. Chr. Diese dorischen Säulen wurden nach der Ausgrabung des Heiligtums mit den alten Trommeln und Kapitellen wieder aufgerichtet. Die Kapitelle zeigen eine frühe, flache Form (sog. Kuchenkapitell), die Kanneluren sind nur wenig eingetieft. Die rechteckigen, flachen Eintiefungen an der linken Säule haben vermutlich zur Anbringung von Pinakes, Tafeln aus Ton oder Holz, gedient. Vielleicht waren diese Tafeln Weihungen von Mädchen, die im Wettlauf bei den Olympischen Spielen gesiegt hatten. Die übrigen Säulen des Heraions stammen – obwohl alle aus Porosstein – aus ganz verschiedenen Zeiten, wie die Form ihrer Kapitelle, die Zahl der Kanneluren, die Technik der Säulentrommeln lehrt. Sie entstanden von der frühen archaischen bis in die römische Zeit. Offenbar war die Cella ursprünglich, im 7. Jh. v. Chr., von einem Kranz von Holzsäulen umgeben, die im Lauf von Jahrhunderten nach und nach durch Steinsäulen ersetzt wurden.

119 Parthenon von Nordwesten. Athen, Akropolis. 448–432 v. Chr. (vgl. Rekonstruktion Abb. 132). Die kraftvolle Ecklösung des hochklassischen dorischen Tempels kommt durch Kontraktion der Ecksäulen zustande, perspektivische Korrekturen werden durch die konvexe Dehnung der Horizontalen und Inneneigung der Vertikalen erreicht.

120 Ostfront des Parthenon. Athen, Akropolis. 448–432 v. Chr.

121 Ostfront der Propyläen. Athen, Akropolis. 437–431 v. Chr.

122 Apollontempel von Korinth, Südwestecke. Mitte 6. Jh. v. Chr.

123 Apollontempel von Korinth. Beginn der südlichen Langseite von der Südwestecke her. Mitte 6. Jh. v. Chr.

124 Korenhalle des Erechtheions. Athen, Akropolis. Idee und Plan des Baus gehen wohl noch auf die Zeit des Perikles zurück, vielleicht auf das Jahr 437 v. Chr., als der Bau der Propyläen begann. Gebaut wurde am Erechtheion, nach den inschriftlich erhaltenen Bauabrechnungen zu schließen, bis 406 v. Chr. Die Einfügung der menschlichen Gestalt in einen architektonischen Zusammenhang hat hier ihre klassische Lösung gefunden. Die strenge Tracht des gegürteten Peplos verleiht jeder der Mädchenfiguren einen säulenhaften Charakter. Beide Arme hingen locker gewinkelt herab. Die Hand der Standbeinseite zog den hinten herabhängenden Mantel leicht nach vorn; die andere Hand trug eine Opferschale, wohl aus vergoldetem Silber.

125 Nordhalle des Erechtheions. Athen, Akropolis. Um 420 v. Chr. Die Säulen dieser Eingangshalle zeigen den Stil der attisch-ionischen Ordnung in seiner feinsten, klassischen Ausprägung. Über der gestuften und profilierten Basis steigt der schlanke Schaft der Säule hoch empor, gekrönt von dem ornamentgeschmückten Säulenhals, einem zierlichen ionischen Kapitell und der schmalen Deckplatte.

126 Säulen der Nordhalle des Erechtheions. Athen, Akropolis. Um 420 v. Chr. Basen und Unterteil der Schäfte von zwei ionischen Säulen (vgl. Abb. 125).

127 Niketempel, Südecke der Ostfront. Athen, Akropolis. Um 420 v. Chr. Oberste Stufe des dreistufigen Unterbaus, Basis mit breiter Hohlkehle zwischen zwei Wülsten und Ansatz des Schaftes der ionischen Ecksäule.

128 Dorische Säule von der Ostfront der Propyläen. Athen, Akropolis. Um 435 v. Chr. Die dorische Säule steht ohne Basis hart auf ihrer Standfläche, dem Stylobat, auf. Durch scharfe senkrechte Grate sind die relativ flachen Kanneluren voneinander getrennt (vgl. Abb. 121).

129 Ionische Säule, die den westlichen Mittelgang der Propyläen innen flankiert. Um 435 v. Chr. Basis und Ansatz des Schaftes. Der Bau dürfte um 435 v. Chr. im wesentlichen aufgeführt gewesen sein; spätestens 432 – zu Beginn des Peloponnesischen Krieges – brach man die Bauarbeiten ab, wodurch Teile der ursprünglichen Planung unausgeführt blieben. Die reich gegliederte Basis ruht auf einem scheibenförmigen Untersatz, der der Standplatte (Stylobat) angearbeitet ist. Die Basis selbst besteht aus dem unteren Wulst (Torus), dem eingezogenen mittleren Teil (Trochilus) und dem schmäleren oberen Wulst mit seiner horizontalen Kannelierung. Die Kanneluren der ionischen Säule laufen gerundet aus; statt der scharfen Grate stehen stabartige Stege zwischen ihnen.

△ 120 ▽ 121

△ 122

▽ 123

124

▷ 125

△ 126 ▽ 128 △ 127 ▽ 129

130

30 Zeustempel von Olympia, Ostfront. Um 475–456 v. Chr. Architekt Libon von Elis. Rekonstruktion nach W. Dörpfeld. Giebelkomposition nach dem Vorschlag von E. Curtius. Die Akroterien des Giebels wurden weggelassen, da ihre Form unbekannt ist.

31 Propyläen, Westseite. Athen, Akropolis. 437–431 v. Chr. Rekonstruktion. Der Architekt Mnesikles gestaltete den westlichen Zugang zum Burgplateau. Der Mittelbau hat eine tiefe Halle mit einer Front von sechs dorischen Säulen von 8,82 m Höhe und eine doppelte innere Säulenstellung von je drei ionischen Säulen entlang dem mittleren Durchgang. Die Eingangswand weist fünf gestufte Durchgänge auf. Zum größten, mittleren Tor führte eine gepflasterte Rampe mit niedrigen Stufen für die Opfertiere. Die Durchgänge ließen sich durch schwere, bronzebeschlagene Holztüren verschließen. Die nördlichen und südlichen im rechten Winkel anschließenden Seitenbauten haben rechteckigen Grundriß und drei dorische Säulen mit Gebälk zwischen Antenpfeilern. Östlich ist auf höherem Bodenniveau eine weitere Halle mit sechs dorischen Säulen vorgelagert (vgl. Abb. 121). Die Giebelfelder enthielten keinen Skulpturenschmuck.

132 Parthenon, Westfront. Athen, Akropolis. 448–432 v. Chr. Rekonstruktion. Ansicht von West-Nordwest, einbezogen ist auch die nächste Umgebung, so vor allem die Stufenterrasse vor der Westseite mit den zahlreichen dort aufgestellten Weihgeschenken.

133 Ostfront des Erechtheions und Westende der nördlichen Langseite des Parthenons. Athen, Akropolis. 2. Hälfte 5. Jh. v. Chr. Rekonstruktion. Gegensatz von ionischer und dorischer Ordnung.

134 Parthenon. Athen, Akropolis. a) Längsschnitt durch die Cella: links, im Westen, die Trennungsmauer zwischen der eigentlichen Cella (rechts) und dem Parthenon (Jungfrauengemach) genannten Raum. Cella mit Innensäulenstellung der nördlichen Seite (10 Säulen in zwei Geschossen) und dem Kultbild der Athena Parthenos im Schnitt. Rechts die Türwand, der Vorraum (Pronaos) und die östliche Ringhalle im Querschnitt (vgl. Abb. 116). b) Querschnitt: rechts und links die Säulenstellung der Langseiten (Peristase), die Umgänge (Ptera), die Cellamauern, die Seitenschiffe der Cella, die Innensäulenstellung und das Kultbild der Athena Parthenos von vorn, von Osten her, gesehen.

131

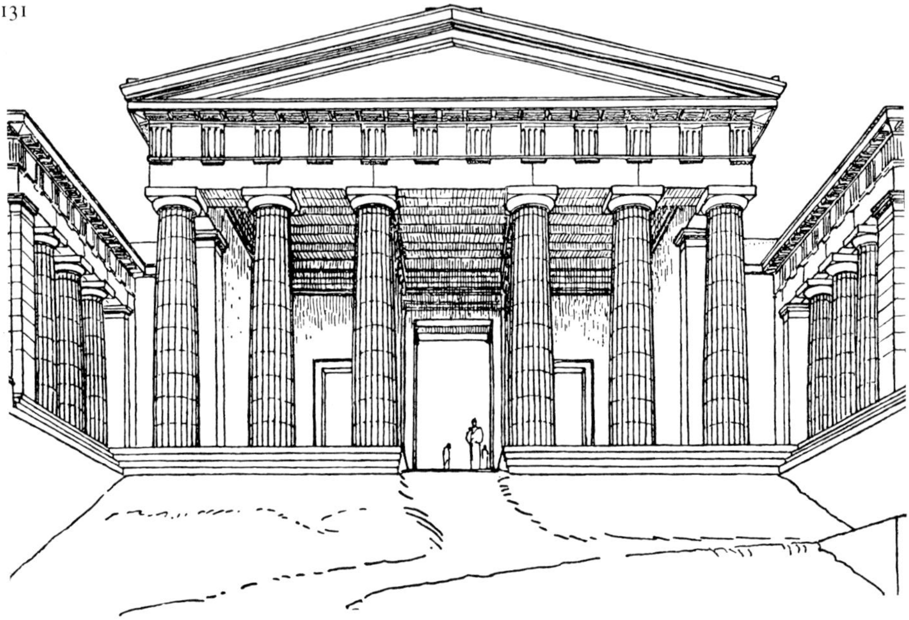

132

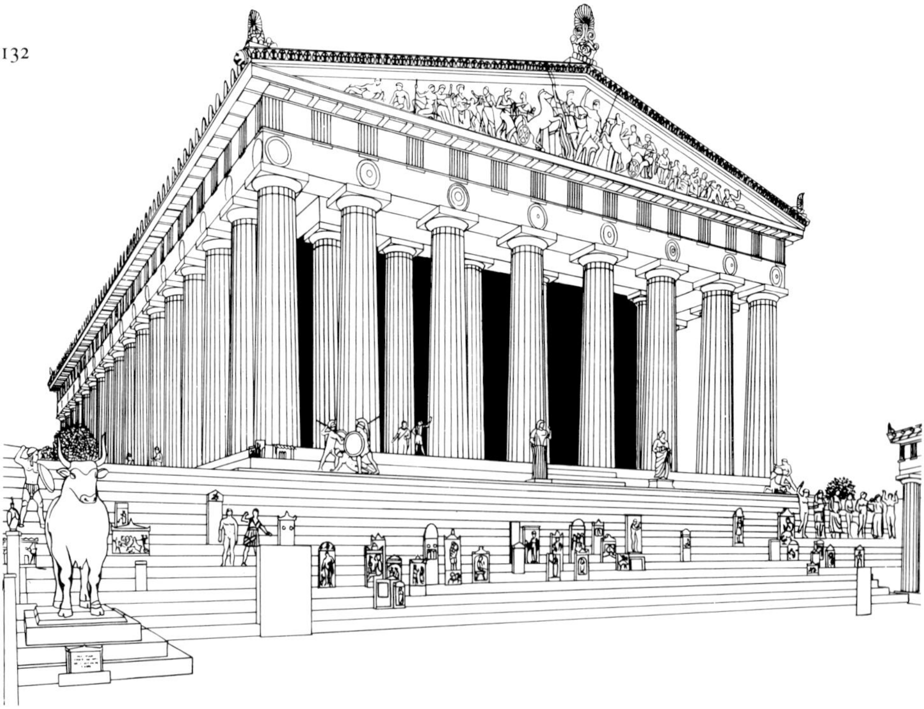

133

134

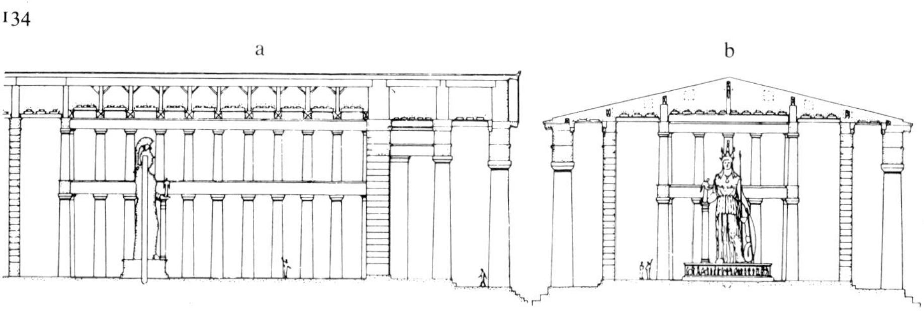

in der Mittelachse die Propyläen durchzog. Auf ihm wird ohne Frage der Panathenäenzug auf die Akropolis und zum Parthenon gewallfahrtet sein. In der *westlichen Halle* wird dieser mittlere Durchgang von je drei hohen *ionischen Säulen* (Abb. 129) flankiert, deren Basen eine andere, eigene Form gegenüber denen der Erechtheionsäulen zeigen. Die *Fronten des Mittelbaus* im Westen und im Osten werden von je sechs *dorischen Säulen* bestimmt, deren mittleres Interkolumnium wegen des Durchfahrtsweges breiter gehalten ist. Die Säulen sind scharf kanneliert und – entsprechend der dorischen Ordnung – unmittelbar auf die oberste Stufe aufgesetzt (Abb. 128).

Der Bau der Propyläen wurde von dem Architekten *Mnesikles* durchgeführt, im Jahr 437 v. Chr. begonnen und wohl mit Beginn des Peloponnesischen Krieges 431 abgeschlossen. Die ursprünglich geplante umfassende Anlage kam also nicht zur Ausführung. Ob der Bau des Erechtheions gleichzeitig mit den Propyläen in Angriff genommen wurde oder erst zur Zeit des Nikias-Friedens (421 v. Chr.) ist nicht geklärt. Die *Erechtheion-Koren* und die Ornamente des Baus sprechen eher für eine späte Ausführung im vor-

135 Poseidontempel von Sunion. Südliche Langseite. Ende 5. Jh. v. Chr. Ein Teil der Säulen wurde wieder aufgerichtet und mit antiken Blöcken des darüberlagernden Architravs versehen.

136 Ornamentierter Friesblock vom Schatzhaus der Siphnier in Delphi. Um 530 v. Chr. Fragment. Delphi, Museum. Oben ein ionisches Kyma, bestehend aus kräftigem Eierstab, pfeilartigen Spitzen und feinem Perlstab; dann der breite Palmetten-Lotosfries, der unten von einem Perlstab abgeschlossen wird. Knospenhaft entwickelt sich die gespannte archaische Form.

137 Ornamentierte Gesimsplatte vom Schatzhaus der Siphnier in Delphi. Um 530 v. Chr. Fragment. Delphi, Museum. Den oberen Abschluß bildet ein sog. lesbisches Kyma, ein Blattstab mit hängenden, herzförmigen Blättern. Darunter ein kräftiger Perlstab mit gerundeten Kugeln und je zwei senkrecht stehenden Scheibchen dazwischen. Palmetten-Lotosfries mit besonders breiten, saftig gebildeten Voluten der Palmetten und schwellenden Kelchblättern der Lotosblüten. Den unteren Abschluß dieses archaisch drängenden Gefüges bildet wiederum ein Perlstab.

138 Ornamentierter Gesimsblock vom Erechtheion auf der Akropolis in Athen. Um 420 v. Chr. München, Glyptothek. Die obere Schmuckleiste ist als sog. lesbisches Kyma mit stilisierten herzförmigen Blättern geziert. Darunter folgen ein ionisches Kyma, gerahmt von Perlstäben, und der feinteilige Lotosblüten-Palmettenfries (Anthemion). Klassischer Reichtum des mannigfaltigen, schmuckhaft und präzise herausgearbeiteten, feingliedrigen Ornaments.

139 Ornamentierter Gesimsblock vom Asklepiostempel in Epidauros. 1. Hälfte 4. Jh. v. Chr. Epidauros, Museum. Eine gewisse Überfeinerung, Mattheit und Vereinzelung der Formen ist zu erkennen. Der Palmettenfries hat spielerischen, spätklassischen Detailreichtum angenommen.

140 Theater von Epidauros. 3./2. Jh. v. Chr. Blick von Süden in die Konche des antiken Theaterrundes. In der Mitte die Fläche der Orchestra. Rechts das wiederhergestellte Doppeltor, das sog. Parodostor, dem ein gleiches Doppeltor auf der anderen, westlichen Seite entsprach. Diese zwischen dem Bühnengebäude (Skene) und dem Theaterrund eingefügten Doppeltore dienten nicht als Zugang für die Zuschauer, sondern für den feierlichen Einzug des Chores in die Orchestra.

141 Theater von Epidauros. 3./2. Jh. v. Chr. Blick von den obersten Rängen auf die Orchestra und das im Tal liegende Heiligtum des Asklepios.

△ 136 ▽ 137

△ 138

▽ 139

△ 140

▽ 141

142

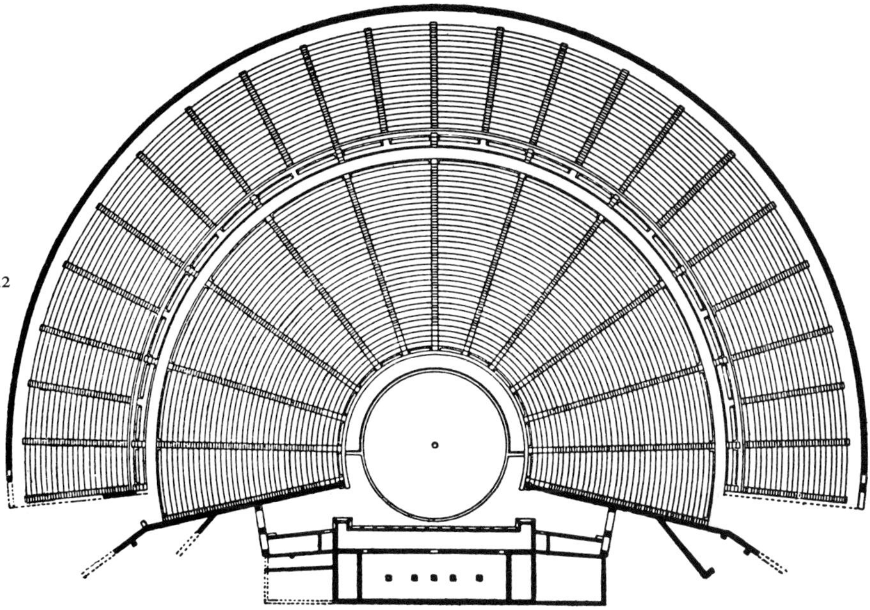

142 Theater von Epidauros. 4. Jh. v. Chr. Ergänzter Grundriß.

143 Theater von Priene. 2. Jh. v. Chr. Rekonstruktionszeichnung von Sitzreihen, Orchestra und Bühnenhaus (Skene). Im Hintergrund Tempel. Im Halbkreis der Orchestra standen marmorne Ehrensessel, die für hochgestellte Beamte, Priester und Gäste reserviert waren. Das Bühnengebäude war zweigeschossig. Die drei großen Öffnungen des Obergeschosses boten Einblick in den Innenraum, wenn ihre Verkleidung entfernt wurde. Die aufgestellten Weihgeschenke erinnerten zugleich an ihre Stifter.

143

letzten Jahrzehnt des 5. Jh. v. Chr. Mit diesen Bauten, zu denen sich noch der *ionische Niketempel* gesellt (Abb. 117, Nr. 2), der erst in den Jahren 409–407 v. Chr. mit der *Nikebalustrade* (vgl. Abb. 85) umzogen wurde, ist die *Bautätigkeit klassischen Stils* auf der Akropolis *beendet*. Innerhalb eines halben Jahrhunderts wurde das klassische Antlitz der Akropolis von Athen geprägt. Erstaunlich ist, daß an den Zügen dieses Antlitzes auch von den folgenden, den hellenistischen und römischen Jahrhunderten nichts geändert wurde. Nur ein kleiner, bescheidener Rundtempel der Dea Roma – dem Augustus geweiht – wurde in römischer Zeit vor der Ostfront des Parthenon errichtet. Während rund um die Akropolis an ihren Hängen große hellenistische und römische Bauten aufgeführt wurden, hat so die geheiligte Burg selbst keinerlei Eingriffe und Erweiterungen in späterer Zeit erfahren.

Später als der Parthenon entstand der *Poseidontempel auf Kap Sunion*, der heute wie einst wegen seiner großartigen Lage hoch über dem Meer berühmt ist. Der aus blendend weißem, vielleicht naxischem Marmor aufgeführte Bau besaß 6 × 13 Säulen. Diese zeigen eine für den *dorischen Stil* überraschend schlanke Form, Kapitelle mit einfachen, aufstrebenden Polstern und einer quadratischen Deckplatte. An der Südseite sind 9 von den 13 Säulen aufrecht stehend erhalten und wieder aufgestellt mit dem darüber hinlaufenden Gebälk (Abb. 135), ebenso einige Säulen der Nordostecke. Die östliche Vorhalle umlief innen ein Fries mit Kampfszenen, die ein Thema der attischen Sage behandeln. Der Stil des Frieses wie die Form der Säulen und ihrer Kapitelle sprechen für eine Ansetzung des Tempels in das spätere 5. Jh.

Im Verlauf des 4. Jh., und erst recht in hellenistischer Zeit, trat die dorische Stilform zurück. *Ionische Tempel* wurden vor allem *im ionischen Kleinasien* gebaut. Daneben entwickelte sich die *korinthische Ordnung* (Abb. 110), deren *Kapitell* erst am Ende des 5. Jh. als eine bewußt komponierte Kunstform geschaffen wurde (Abb. 113).

Kennzeichnend für den *ionischen Stil* ist seine Vorliebe für schwellende, „feminine", üppige und orientalisierende, schmuckhafte Gliederung, im Gegensatz zur männlich-gedrungenen *dorischen* Form. Entsprechend fand die strenge *dorische Ordnung* hauptsächlich *im südlichen Griechenland* und im süditalischen *Großgriechenland* Verbreitung, während das *östliche Griechenland* eine Domäne des formenreichen *ionischen Stils* war. Von der Schönheit *archaischer Bauornamentik ionischer Herkunft* geben uns zwei Architekturteile eine Vorstellung, die vom *Schatzhaus der Siphnier in Delphi* stammen

144 Frontseite des jüngeren Artemisions von Ephesos. Mitte 4. Jh. v. Chr. Rekonstruktion. Die Westfront des ionischen Riesentempels ist rekonstruiert mit drei Reihen Säulen als Umgang und vier Säulenpaaren, die durch den Vorraum (Pronaos) zu der großen Eingangstür führen. Diese war nicht Zugang zu einer Tempelcella, sondern zu einem von riesigen Mauern umhegten Hof (Sekos), in dessen Hintergrund der heilige Schrein, die Ädikula, mit dem berühmten Bild der Diana von Ephesos stand. In dieser Rekonstruktion von Krischen erscheinen der Schrein und das Götterbild in der Umrahmung der großen Tür, die in den Binnenhof führt.

145 Artemision von Ephesos. Neubau aus der 2. Hälfte 4. Jh. v. Chr. auf archaischen Resten. Ergänzter Grundriß. Maßstab 1 : 1250.

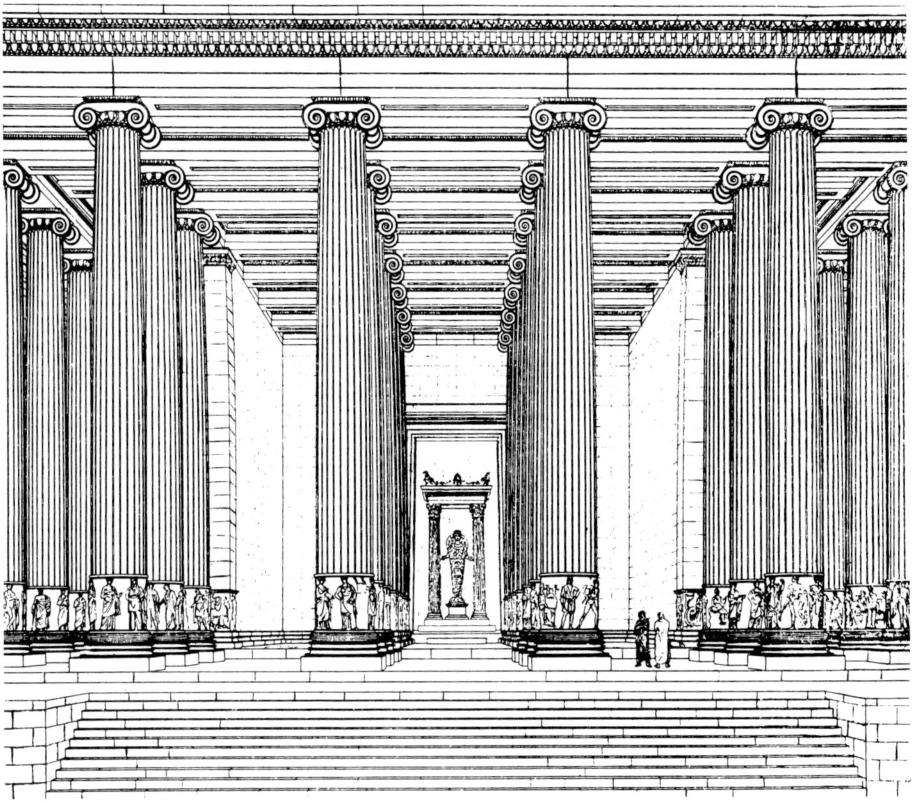

144

145

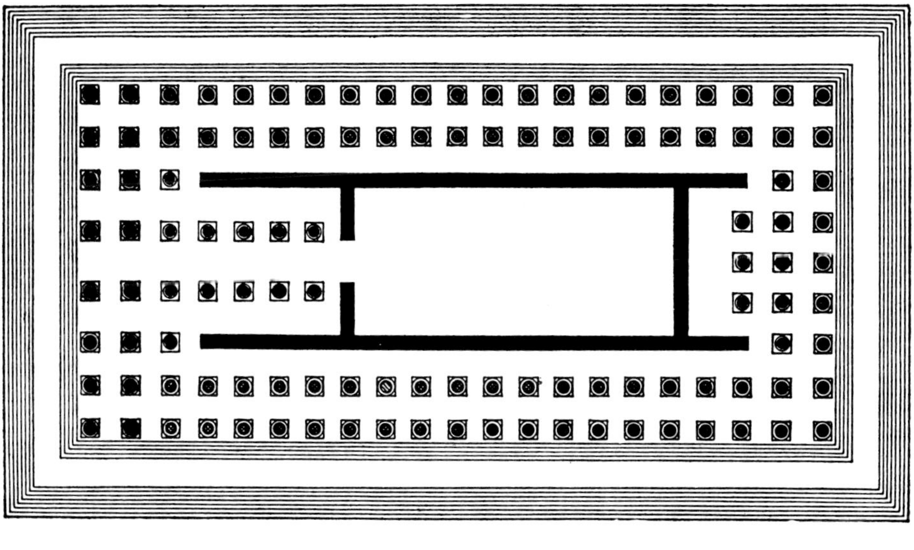

(Abb. 136, 137). Um 530 v. Chr. hatte die reiche Insel im Heiligtum des Apollon in Delphi ein Schatzhaus errichtet, das mit plastischem und ornamentalem Schmuck geradezu überladen war. An allen vier Seiten umzog das Gewände des aus kostbarem parischem Marmor aufgeführten Baus ein Relieffries. Zwei zierliche archaische Mädchenfiguren standen an der Frontseite zwischen den Anten, das Gebälk der Vorhalle tragend. Im Giebelfeld über ihnen war der Kampf des Apollon mit Herakles um den delphischen Dreifuß in Hochrelief dargestellt. Zu diesen Skulpturen aber kam ein reicher ornamentaler Schmuck, der den Bau vom Mauerfuß bis zum Gesims ringsum mit Profilen und Ornamenten zierte. Alle Möglichkeiten griechischer *Architekturornamentik* kommen hier zu Wort: *Palmetten-Lotosfries* und *Eierstab* an dem einen der Blöcke (Abb. 136), *Perlstab, Palmetten-Lotosband und Blattstab* am anderen (Abb. 137). Das kräftige Relief, in dem die Ornamentformen wiedergegeben sind, läßt diese Zierglieder in einer zugleich zarten und saftigen Formgebung erscheinen. Aufschlußreich ist der Vergleich dieser *gerundeten, archaischen Ornamentik* mit späteren Beispielen: Ein vorzüglich erhaltener *ornamentierter Gesimsblock* (Abb. 138) gehört zu dem Ornamentfries, der die Quaderwände des *Erechtheions* auf der Akropolis in Athen krönte. Innerhalb der langen Bauzeit des Erechtheions wird er in die Zeit um 420 v. Chr. gehören. Das *Architekturfragment* auf Abb. 139 stammt aus dem *Asklepiostempel von Epidauros,* der in der ersten Hälfte des 4. Jh. errichtet wurde. Diese Architekturfragmente, die drei verschiedenen Bauten und Jahrhunderten angehören, zeigen als Hauptbestandteil ihrer Ornamentierung den Ablauf eines *Palmetten-Lotosfrieses.* Dazu kommen ein *Eierstab* (Abb. 136, 138, 139) und ein Blattornament, ein sog. *lesbisches Kyma,* dessen Blätter eine Mittelrippe zeigen und durch einen feinen Grat voneinander getrennt sind (Abb. 137, 138).

An der *Gesimsplatte des Siphnier-Schatzhauses* (Abb. 137) sind die Lotosblüten breiter und fülliger entwickelt, die Palmetten dazwischen knapper gegeben. Bei dem *Friesblock* desselben Schatzhauses (Abb. 136) sind die Lotosblüten fest und schlank, die Palmetten und ihre Voluten breit und kräftig entwickelt; der *Gesimseblock des Erechtheions* (Abb. 138) zeigt dagegen denselben ornamentalen Formenschatz in der knappen und strengen Sprache der *hohen Klassik.* Dieser Palmetten-Lotosfries wirkt wie aus Metall gegossen und dem Hintergrund vorgesetzt. Der Eierstab darüber zeigt eine dichtgedrängte Folge der Ornamentik, die mit äußerster Präzision plastisch herausgearbeitet ist. Das oben abschließende lesbische Kyma ist in einer ebenso kräftigen wie differenzierten Plastik mit entschiedener Licht- und Schattenwirkung herausgearbeitet. – Am *Gesimsblock des Asklepiostempels von Epidauros* aus dem 4. Jh. v. Chr. lockert sich die strenge Fügung der hohen klassischen Formensprache deutlich auf (Abb. 139). Der Palmetten-Lotosfries ist weiter gestellt, die Fläche des Hintergrundes kommt mehr zur Wirkung, neben den Palmetten wachsen schwankend bewegte, pflanzliche Gebilde auf. Auch der Eierstab darüber zeigt eine Auflockerung durch eine geräumigere Stellung seiner einzelnen Teile.

Die angeführten Beispiele können so eine Vorstellung geben von der *Entwicklung architektonischer Ornamentik* vom 6. Jh. v. Chr. mit seinen prallen, kräftigen Formen über die Geschlossenheit der Klassik des 5. Jh. zu der auflösenden Differenzierung und Isolierung im 4. Jh. v. Chr.

Einer der größten und berühmtesten Tempel der *ionischen Küste Kleinasiens* war von jeher der *Tempel der Artemis von Ephesos* (Abb. 144, 145). Bis in die hohe archaische Zeit des 8. Jh. v. Chr. sind Vorläufer des Riesentempels nachzuweisen, der um die Mitte des 6. Jh. v. Chr. entstand und alle griechischen Tempel an Größe und Pracht übertraf. Nach seiner Zerstörung durch die Hand des Frevlers Herostratos, der der Sage nach in der Nacht der Geburt Alexanders des Großen (356 v. Chr.) durch Brandstiftung den altehrwürdigen Tempel in Schutt und Asche legte, wurde ein Neubau des *Artemision von Ephesos* beschlossen und in der zweiten Hälfte des 4. Jh. v. Chr. unter Mitwirkung vieler griechischer Staaten und Städte ausgeführt. Der Plan dieses Tempels (Abb. 145) entsprach genau dem seines archaischen Vorgängers. Wie dieser war er ein *Oktastylos*, ein Bau mit 8 Säulen in der Front. Diese 8 Säulen standen in drei Reihen an der Eingangsfront, die in diesem Fall im Westen lag. Außerdem wurde die riesige Tempelmauer von zwei Reihen ionischer Säulen umzogen, so daß der Tempel als ein *Dipteros* bezeichnet werden kann. Im ganzen ergeben sich 117 Säulen, die in dreifacher oder zweifacher Reihung den Tempel umkränzen. Die riesigen, aus Quadern aufgeführten Mauern umschlossen einen Hof, in dem ein kleines Tempelchen, eine Ädikula, das eigentliche heilige Bild, die Kultstatue der Artemis von Ephesos, enthielt. Die *Säulen der Vorhalle* standen auf hohen Postamenten, die mit Reliefwerk geschmückt waren (Abb. 144). Vor allem die reiche Ausstattung mit diesen *„columnae caelatae"* war es, die den Tempel zu einem der Sieben Weltwunder machte. Wieweit der Bau im 4. Jh. vollendet, wieweit noch an ihm bis ins 3. Jh. v. Chr. hinein gearbeitet wurde, läßt sich nicht mit Sicherheit festlegen.
Neben den Tempelbauten begannen im Verlauf des 4. Jh. auch *Theaterbauten aus Stein* eine immer größere Rolle zu spielen. Eines der größten und berühmtesten ist das *Dionysostheater in Athen,* am Südabhang der Akropolis gelegen, Stätte der Geburt des griechischen Dramas und der Aufführung fast aller attischen Tragödien. Sein Grundriß läßt sich wiederherstellen, und es ist auf ein Fassungsvermögen von etwa 2000 Sitzplätzen zu schließen. Noch besser und in Griechenland am besten erhalten ist das *Theater von Epidauros* (Abb. 140–142). In einer stillen Talmulde der östlichen Argolis, oberhalb der alten Hafenstadt Epidauros gelegen, gehört es zu dem berühmten Heiligtum des Asklepios, das sich zu seinen Füßen erstreckte. In einen Berghang gemuldet, waren seine Sitzreihen nur von Schutt und Erdreich überdeckt und konnten dadurch fast unversehrt wieder ausgegraben werden. Sie sind heute bis zur obersten der 55 aus Kalkstein gearbeiteten Sitzstufen freigelegt (Abb. 140, 141). Das Theater bot einst – und bietet heute wieder – Platz für mehr als 12000 Zuschauer. Das *Bühnengebäude (Skene)* ist von steilaufragenden Stützmauern des Theaterrunds durch die Zugänge getrennt, durch die der Chor in die runde *Orchestra* einzog (Abb. 142). Die beiden hochaufragenden *Tore,* die diese Zugänge einfaßten, sind heute aus antiken und modernen Steinen wieder aufgebaut (Abb. 140). Es handelt sich beiderseits um ein breiteres (2,40 m) und ein schmäleres (1,85 m) Tor. Bei den beiden westlichen steinernen Türrahmen sind noch die Löcher erhalten, in denen Drehzapfen die Bewegung von Türflügeln ermöglichten. Das Theater von Epidauros ist in seiner jetzigen Form im 3. Jh. v. Chr. entstanden und im folgenden 2. Jh. vergrößert worden. Das *Bühnengebäude* läßt sich wenigstens im Grund-

riß wiedergewinnen (Abb. 142). Außer den beiden Türpaaren, die im Osten und Westen jeweils die Ecke des Bühnengebäudes mit der riesigen Stützmauer des Theaterrundes verbanden, wobei die größere Tür den Parodoi, den Zugängen zur Orchestra, die beiden kleineren den Rampen, die zum Proskenion führten, Durchlaß gewährten, läßt es sich

146

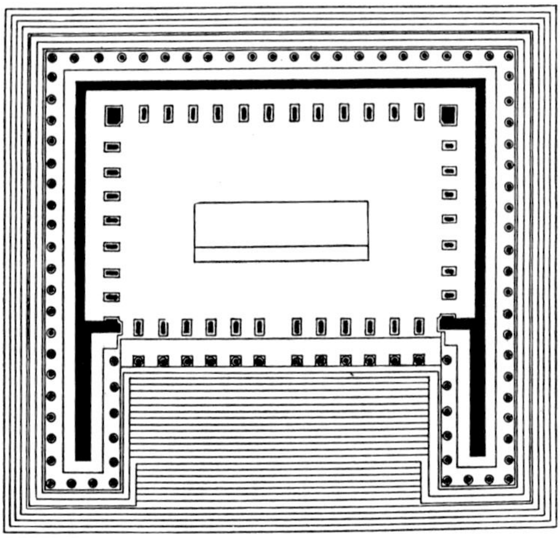

146 ZEUSALTAR VON PERGAMON. 180–160 v. Chr. Grundriß. Eine Freitreppe führt zum Altartisch – inmitten des ionischen Säulenhofs – hinauf.

147 PLAN DES BURGBERGS VON PERGAMON. Mitte 3. bis Mitte 2. Jh. v. Chr. Im Süden beginnt mit dem sog. Oberen Markt (1) die Bebauung des eigentlichen Burgbergs, die sich stufenförmig in Terrassen bis zur Nordspitze hinzieht. Über dem Markt liegt die Altarterrasse (2), auf der der berühmte Altar (3) von Pergamon stand. Es folgt eine Terrasse, die den Bezirk der Athena mit ihrem Tempel (4) und der Bibliothek (5) von Pergamon trug; dann, den Halbkreis des Burgbergs abschließend, der Tempel des Trajan als Mitte eines von Hallen umschlossenen Platzes (6). Der äußerste Sporn des Bergs nach Norden trug Arsenale (7) und Befestigungen. Am schroffen Westhang stieß, steil abfallend, das Theater (8) auf die langhin laufende Theaterterrasse.

147

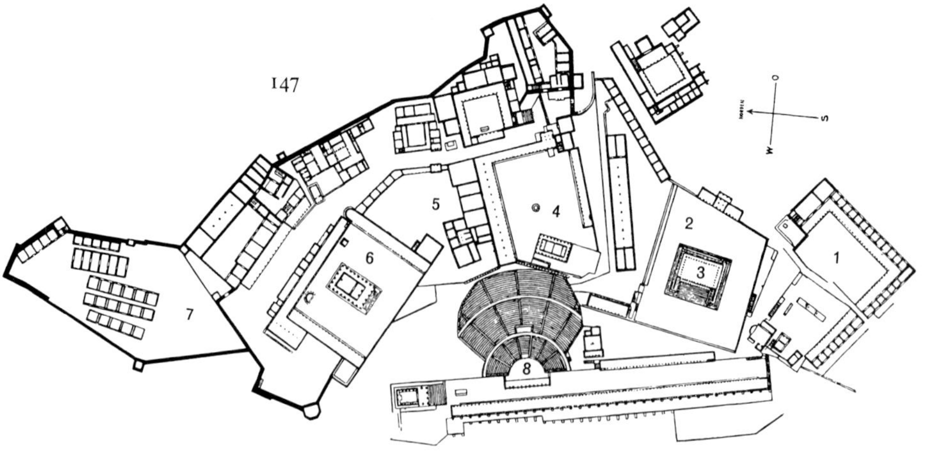

mit fünf Innenstützen rekonstruieren; ferner die ihm vorgelegte *Vorhalle,* das *Proskenion,* und Flügelbauten. Die beiden seitlichen Rampen gingen auf das schmale, vor der Skene hinlaufende Dach des Proskenions, das mindestens seit dem 2. Jh. v. Chr. auch als Auftrittspodium diente. Hinter diesem Balkon lag das Obergeschoß der Skene mit Türöffnungen (vgl. die Rekonstruktionszeichnung des Theaters von Priene, Abb. 143). Die unterste Reihe der Sitze des Theaterrunds bestand aus Ehrensesseln, die die Orchestra umkränzten. Verdeckte Wasserkanäle leiteten das aus dem Theaterraum zusammenfließende Regenwasser um das Proskenion und die Skene herum und den Hang hinunter. Das Theater von Epidauros scheint bis in spätantike Zeit hinein benutzt worden zu sein.

Das *Theater von Priene,* einer ionischen Stadt der kleinasiatischen Landschaft Karien, ist zwar nicht so gut erhalten wie das von Epidauros. Durch sorgfältige Ausgrabung aber wurde von der Architektur seines Bühnenhauses so viel zutage gefördert, daß eine Rekonstruktion dieser Skene in großen Zügen möglich ist (Abb. 143). Sie gibt den Zustand in hellenistischer Zeit, etwa dem 2. Jh. v. Chr., wieder und zeigt über dem unteren Geschoß und seinem Vorbau zur Orchestra hin, dem Proskenion, ein Obergeschoß, dessen drei Türen geöffnet werden konnten, um den Zuschauern den Anblick einer dort spielenden Handlung zu gewähren.

Der größte Komplex antiker Architektur, der uns durch Ausgrabungen wieder bekannt geworden ist, ist der *Burgberg von Pergamon* (Abb. 147). Hier wurde nicht nur die ganze Fülle pergamenischer Plastik gefunden, die heute das nach dem großen Altar benannte Berliner Pergamon-Museum einerseits, das Istanbuler Antikenmuseum andererseits beherbergt. Hier wurde im Lauf einer nun schon bald ein Jahrhundert währenden Ausgrabungstätigkeit größten Umfangs ein hellenistischer Herrschersitz in Verbindung mit mehreren Heiligtümern und einem Theater systematisch freigelegt.

Die ersten Spuren antiker Bebauung fand in den sechziger Jahren des 19. Jh. der deutsche Ingenieur Carl Humann, dem in einer byzantinischen Mauer große Fragmente marmorner Hochreliefs auffielen. Nachdem einige dieser Fragmente an die Berliner Museen gesandt worden waren, erkannte man dort nicht nur ihre Bedeutung als Kunstwerke, sondern auch schon ihren Zusammenhang mit einem großen hellenistischen Bauwerk. So begann 1878 die Freilegung der Altarterrasse und der Fundamente des Altarbaus unter der Leitung von Carl Humann und Alexander Conze. Im Lauf der folgenden Jahre kamen nicht nur Tausende von Bruchstücken des Friesreliefs, sondern auch ganze zusammenhängende Friesplatten ans Licht. Es bedurfte aber noch weiterer zwanzig Jahre, ehe diese Fragmente und Platten im Berliner Museum geordnet und zusammengesetzt waren. Ihre endgültige Aufstellung im großen Saal des Pergamon-Museums fand im Jahr 1930 statt. Inzwischen waren die Ausgrabungen am Ort weitergeführt und über den ganzen Burgberg ausgedehnt worden. Sie dauern – durch die beiden Weltkriege jeweils für einige Jahre unterbrochen – bis zum heutigen Tag fort und haben nicht nur die Anlage des Burgbergs von Pergamon im allgemeinen geklärt, sondern auch die Rekonstruktion vieler Gebäude und Monumente bis in alle Einzelheiten ermöglicht.

Der sichelförmig nach Norden geschwungene, bis zu einer Höhe von 308 m ansteigende

Burgberg wurde von den Pergamenern systematisch in einzelne Terrassen aufgegliedert, die den Besucher stufenförmig bis zum nördlichsten Sporn des Berges führen. Dabei handelt es sich bei diesen Anlagen nur um den eigentlichen Burgberg, die Akropolis, an deren Hängen sich zur Stadt Pergamon im Tal hin weitere große Anlagen von Heiligtümern, Gymnasien und Palästen ausdehnten.

Die Terrassenfolge der eigentlichen *Akropolis* (Abb. 147) beginnt an ihrem Südfuß mit dem sog. *Oberen Markt* (Abb. 147, Nr. 1), dem zur Talsohle hin ein *Unterer Markt* entspricht. Der obere ist an drei Seiten von Hallen umzogen, die zum Teil Läden enthielten. An seiner Westseite über der Stützmauer, die zur Theaterterrasse abfällt, lag ein Tempel des Dionysos. Mitten über den Markt führte der Hauptweg, der – nördlich aus dem Marktplatz heraustretend – an der Ostseite der *Altarterrasse* (Abb. 147, Nr. 2) entlanglief. Diese Terrasse bot dem berühmten, großen *Zeusaltar von Pergamon* (Abb. 146; 147, Nr. 3) geräumigen Platz, da keinerlei andere Bauten sich auf der Terrasse befanden. An der Ostseite lag die Rückfront des großen Altarpodiums. Diese war aber zugleich als Breitseite von besonderer Bedeutung und dem Eingang, der vom Burgweg her auf die Altarterrasse führte, zugewendet. An dieser Ostseite befindet sich die erwähnte großartige *Frieskomposition* einer Kampfgruppe, in der Zeus und Athena inhaltlich wie formal die Hauptkomponenten bilden (Abb. 102, 103, 105, 106). Von der Altarterrasse führte der Hauptweg mit einer Schleife zur Terrasse des Athena-Heiligtums. Auf ihr befand sich, am Rand hoch über der Theaterterrasse gelegen, der *Tempel der Athena* (Abb. 147, Nr. 4). Seiner Front mit 6 dorischen Säulen entspricht eine Langseite mit nur 10 Säulen, wodurch eine eigentümliche verkürzte, gedrungene Form des Tempelgrundrisses entstand. Die erhaltenen Trommeln von Säulen sind nicht kanneliert. Das Triglyphon ist in einer weitgespannten Form gegliedert, so daß 3 Metopen und Triglyphen über *ein* Interkolumnium kommen. So dürfte dieser Athenatempel von Pergamon einer der spätesten Bauten im dorischen Stil sein; er wird kaum früher als in das 3. Jh. v. Chr. datiert werden können.

Im Norden und Osten war die Terrasse des Athenatempels von *zweigeschossigen Hallen* umgeben. Hinter der tiefen Hallenanlage im Norden fanden sich mehrere Räume, von denen einer als Hauptraum zu bezeichnen und als *Bibliothek von Pergamon* (Abb. 147, Nr. 5) zu erkennen ist. Er zeigt an seiner Rückseite eine Nische, vor der eine Kopie der Athena Parthenos, liegend, gefunden wurde. Sie stellt das berühmte Kultbild des Phidias in einer freien Umbildung von einem Drittel der Originalgröße dar. Diese Kopie war in der Bibliothek aufgestellt als Bild der die Künste und Wissenschaften beschützenden Göttin. Einlassungen im Boden und Vorkehrungen an den Wänden dieses Hauptraumes lassen darauf schließen, daß sich hier Bücherschränke befanden, die in einer gewissen Entfernung von der Wand zum Schutz gegen Feuchtigkeit und Kälte frei aufgestellt waren.

Mit der letzten Terrasse des eigentlichen Burgbergs erreicht man diejenige Region, an der sich der *königliche Palast* in einer hervorragenden Lage befand. Große Teile der hellenistischen Palastanlage wurden später durch das sog. *Trajaneum* (Abb. 147, Nr. 6) überlagert. Diese mächtige Anlage eines Heiligtums, das zu Ehren des vergöttlichten Trajan errichtet wurde, bildete in römischer und spätantiker Zeit den großartigen Abschluß des terrassenförmigen Aufbaus des pergamenischen Burgbergs. Riesige Substruktionen schufen hier ein letztes Plateau, auf dem ein Tempel zu Ehren des Trajan von seinem Nachfolger Hadrian errichtet wurde. Säulenhallen umzogen den Platz, in dessen Mitte der Tempel lag. Sie gaben dem Heiligtum auf der höchsten Terrasse einen monumentalen, aber auch uniformen Abschluß. Die letzte Spitze des aufsteigenden Burgbergs wird von Zweckbauten erfüllt, die man als *Arsenale* (Abb. 147, Nr. 7) erkannt hat. Hier war offenkundig eine Leibgarde der Könige, später wohl eine Garnison, stationiert, die nach dem Ausgrabungsbefund jener Arsenale auch über eine wirkungsvolle Artillerie verfügt haben muß.

Der Burgberg von Pergamon zieht sich in einer weiten, sichelförmigen Schwingung nach Norden hin, wobei seine westliche, innere Krümmung einen Steilabfall von bedeutendem Ausmaß hat. Diese Westseite und ihr jäher Absturz ist in genialer Weise zur Anbringung eines *Theaters* (Abb. 147, Nr. 8) genutzt. Dieses Theater fällt von den Stützmauern der oberen Burgterrassen in sehr steiler Führung hinab, um – gleichsam wie auf einen Sockel – auf eine längslaufende Theaterterrasse zu treffen, die ihrerseits gegen den weiteren Steilabfall im Westen durch große Hallen abgeschirmt war. Am Ende dieser Theaterterrasse lag, in den Felsen geschnitten, ein ionischer Tempel, der vermutlich dem Dionysos geweiht war. Auf der Terrasse wurde in Pfostenlöchern, die in dem steinernen Pflaster noch erhalten sind, bei Theaterspielen das Gerüst für ein Skenengebäude angebracht. Das *Theater von Pergamon,* das den Hang des Berges bis zum Fuß der oberen Terrassen emporsteigt, gehört zu den am steilsten gelegenen, die in der Antike errichtet wurden.

Diese ganze großartige Anlage von Heiligtümern und Palästen, von Markt, Theater und Theaterterrasse entstand in dem kurzen Zeitraum eines Jahrhunderts. Begonnen unter König Attalos I. (241–197 v. Chr.), wurde die Bautätigkeit auf der Burg vor allem unter Eumenes II. (197–159 v. Chr.) durchgeführt. Ihm ist jedenfalls die Anlage des großen Altars von Pergamon und wohl auch der Bibliothek und die Beschaffung ihres reichen Bestandes an Schriftrollen zu verdanken. Mit dem Übergang des Pergamenischen Reiches in das Imperium Romanum wird auch die Bautätigkeit großen Stils aufgehört haben: Unter Attalos III. fand im Jahr 133 v. Chr. die Vererbung des Pergamenischen Reiches an die Römer statt. Zwischen 240 und 140 v. Chr. sind daher alle bedeutenden Bauten auf der Burg von Pergamon und am Hang des Burgbergs entstanden.

Pergamon, sein Burgberg und seine Landschaft, war unberührter Boden, auf dem sich erst in der Zeit nach Alexander dem Großen, zu Beginn des hellenistischen Zeitalters, griechische Kultur ansiedelte, und auch die Kunst von Pergamon, die sich seit der zweiten Hälfte des 3. Jh. als selbständiger Zweig hellenistischer Kunst entfaltete, war von einer ungebrochenen, eigenständigen Kraft erfüllt. Die schwere, barocke, hellenistische Plastik des großen Altars und zahlreicher einzelner Monumente legt davon deutlich Zeugnis ab; nicht minder auch die großzügige Bebauung des Burgbergs. Sie offenbart in ihrer Terrassengliederung ein selbstherrliches Schalten mit der Natur und darin einen durchaus neuen, *typisch hellenistischen Charakter.* So ist die Burg von Pergamon in allen Formen ihrer Bebauung und Ausschmückung weit über den lokalen Bereich hinaus ein großartiges Beispiel hellenistisch-herrscherlicher Gesinnung und Gestaltung.

BIBLIOGRAPHIE

Allgemeines

BEAZLEY, J. D., ASHMOLE, B. Greek Sculpture and Painting to the End of the Hellenistic Period. Neuaufl. Cambridge 1966

BOARDMAN, J., DÖRIG, J., FUCHS, W., HIRMER, M. Die griechische Kunst. München 1966

BRUNN, H. Geschichte der griechischen Künstler, 2 Bde. 2. Aufl. Stuttgart 1889

CURTIUS, L. Die antike Kunst II, 1: Die klassische Kunst Griechenlands (Hdb. der Kunstwissenschaft) Potsdam 1938, Nachdruck Hildesheim 1959

DEMARGNE, P. Die Geburt der griechischen Kunst. Die Kunst im ägäischen Raum von vorgeschichtlicher Zeit bis zum Anfang des 6. vorchristlichen Jahrhunderts (Universum der Kunst) München 1965

HOMANN-WEDEKING, E. Das archaische Griechenland. (Kunst der Welt) Baden-Baden 1966

MATZ, F. Geschichte der griechischen Kunst I. Die geometrische und früharchaische Form. Frankfurt (Main) 1950

RICHTER, G. M. A. Archaic Greek Art. New York 1949. A Handbook of Greek Art. 4. Aufl. London 1965 (Dt.: Handbuch der griechischen Kunst. Köln 1965)

WEBSTER, T. B. L. Greek Art and Literature, 530–400 B. C. London 1939

ZSCHIETZSCHMANN, W. Die antike Kunst II, 2: Die hellenistische und römische Kunst. (Hdb. der Kunstwissenschaft) Potsdam 1938

Griechische Vasenmalerei

ALFIERI, N., ARIAS, P. E. Spina, die neuentdeckte Etruskerstadt und die griechischen Vasen ihrer Gräber. München 1958

ARIAS, P. E., HIRMER, M. Tausend Jahre griechische Vasenkunst. München 1960 (Engl.: B. B. Shefton, P. E. Arias A History of Greek Vase Painting, London 1962)

BEAZLEY, J. D. Attic White Lekythoi. London 1938

– Attic Black-figure Vase Painters. Berkeley, Calif. 1951

– Attic Red-figure Vase Painters. 2. Aufl. Oxford 1963

BUSCHOR, E. Griechische Vasen. 2. Aufl. München 1940

COOK, R. M. Greek Painted Pottery. London 1960

LULLIES, R., HIRMER, M. Griechische Vasen der reifarchaischen Zeit. München 1953

PFUHL, E. Malerei und Zeichnung der Griechen. 3 Bde. München 1923

RICHTER, G. M. A. Attic Red-figure Vases, a Survey. 2. Aufl. New Haven, Conn. 1958

RICHTER, G. M. A., MILNE, M. Shapes and Names of Athenian Vases. New York 1935

RIEZLER, W. Weißgrundige attische Lekythen. München 1914

RUMPF, A. Malerei und Zeichnung der Griechen. (Handb. der Archäologie. Bd. 4, Lfg. 1) München 1953

SICHTERMANN, H. Die griechische Vase, Gestalt, Sinn und Kunstwerk. Berlin 1963

Griechische Plastik

ALSCHER, L. Griechische Plastik. Bde. 1–4, Berlin 1954–1961

BECATTI, G. Problemi Fidiaci. Mailand 1951

BIEBER, M. The Sculpture of the Hellenistic Age. Neuaufl. New York 1961

BUSCHOR, E. Vom Sinn der griechischen Standbilder. Berlin 1942

– Phidias der Mensch. München 1948

– Das hellenistische Bildnis. München 1949

– Frühgriechische Jünglinge. München 1950

– Die Plastik der Griechen. Neuaufl. München 1958

CARPENTER, R. Greek Sculpture, a Critical Review. Chicago 1960

CHARBONNEAUX, J. La Sculpture Grecque Classique. Paris 1943

DEMANGEL, R. La Frise Ionique. Paris 1933

DIEPOLDER, H. Die attischen Grabreliefs des 5. und 4. Jh. v. Chr. Wien 1931. Nachdruck Darmstadt 1965

FUCHS, W. Die Vorbilder der neuattischen Reliefs. (Jahrbuch des Dt. Archäologischen Instituts, Ergh. 20) Berlin 1959

HAUSMANN, U. Griechische Weihereliefs. Berlin 1960

HEKLER, A. Bildnisse berühmter Griechen. 3. Aufl. bearb. H. v. Heintze. Mainz 1962
HOMANN-WEDEKING, E. Die Anfänge der griechischen Plastik. Berlin 1950
KÄHLER, H. Der große Fries von Pergamon. Untersuchungen zur Kunstgeschichte und Geschichte Pergamons. Berlin 1948
– Das griechische Metopenbild. München 1949
KLUGE, K., LEHMANN-HARTLEBEN, K. Die antiken Großbronzen. 3 Bde. Berlin 1927
LANGLOTZ, E. Frühgriechische Bildhauerschulen. Nürnberg 1927
LAPALUS, E. Le Fronton Sculpté en Grèce des Origines à la Fin du IVe Siècle. Paris 1947
LIPPOLD, G. Die griechische Plastik. (Hdb. der Archäologie, Bd. 3 Lfg. 1) München 1950
LULLIES, R. Griechische Bildwerke in Rom. München 1954
– Griechische Plastik von den Anfängen bis zum Ausgang des Hellenismus. 2. Aufl. München 1960
PAYNE, H. G. G., YOUNG, G. M. Archaic Marble Sculpture from the Acropolis. London 1936
Neuaufl. London und New York 1951, Neudruck New York 1965
PICARD, CH. Manuel d'Archéologie Grecque, La Sculpture. 4 Bde. Paris 1935–1959
RICHTER, G. M. A. The Sculpture and Sculptors of the Greeks. Neuaufl. New Haven, Conn. 1950
– The Portraits of the Greeks. 3 Bde. New York 1965
SCHUCHHARDT, W.-H. Die Epochen der griechischen Plastik. Baden-Baden 1959

Griechische Architektur

BERVE, H., GRUBEN, G., HIRMER, M. Griechische Tempel und Heiligtümer. München 1961
BIEBER, M. The History of the Greek and Roman Theater. 2. Aufl. Princeton 1961
DINSMOOR, W. B. The Architecture of Ancient Greece. London 1950 (mit weiterer Literatur)
DURM, J. Handbuch der Architektur: Die Baukunst der Griechen. 3. Aufl. Leipzig 1910
GRUBEN, G. Die Tempel der Griechen. München 1966
KÄHLER, H. Der griechische Tempel – Wesen und Gestalt. Berlin 1964
KOCH, H. Der griechisch-dorische Tempel. Stuttgart 1951
– Von ionischer Baukunst. Köln 1956
LAWRENCE, A. W. Greek Architecture (Pelican History of Art). Neuaufl. Harmondsworth 1962
PLOMMER, W. H. Ancient and Classical Architecture. 4. Aufl. London 1964
RIEMANN, H. Zum griechischen Peripteraltempel. Düren 1935
RODENWALDT, G., HEGE, W. Griechische Tempel. 2. Aufl. München 1951

REGISTER

Die fettgedruckten Zahlen sind Abbildungsnummern

FOTONACHWEIS G. Gruben, Griechische Tempel und Heiligtümer, München 112–116, 130, 142–147 – Archiv Walter Hege, Karlsruhe 125 – Hirmer Verlag, München 1, 4, 6–9, 12–16, 18–23, 27–29, 31–32, 34–36, 44, 53–54, 55–57, 62, 66–67, 69–71, 75–76, 82–83, 85, 89–90, 97, 104, 134 – H. Kähler, Der griechische Tempel, Berlin 117 – K. Martin, Kunst des Abendlandes I, Karlsruhe 109–110 – Metropolitan Museum, New York 42–43, 79–80 – Museo Arch. Nz., Ferrara 30, 33 – Nationalmuseum Kopenhagen 17 – M. Schede, Die Burg von Athen, Berlin 131, 133 – H. v. Schoenebeck-W. Kraiker, Hellas, Burg. b. M. 107–108, 111 – Staatliche Museen, Berlin 24, 38, 77–78, 92, 103 – Alle übrigen Fotos: Archäologisches Institut der Universität Freiburg i. Br

INHALT